KB271937

AI 인텔리전트 세일즈

챗GPT, 영업의 두뇌를 바꾸다

AI 인텔리전트 세일즈

AI

이마이 마사야 지음 | 드루 편집부 옮김

INTELLIGENT SALES

드루
SE SHOEISHA

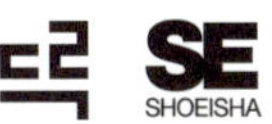

수많은 서적들 가운데 이 책을 구매해 주셔서 대단히 감사합니다.

본서는 법인 영업과 생성형 AI를 연구하는 셀레브릭스CELEBRIX 영업 종합 연구소가 영업에 AI를 잘 활용할 수 있도록 열심히 연구하여 만든 책입니다.

이 책을 고른 그 순간부터 독자가 AI 영업의 정신을 받아들일 수 있도록 우리가 가진 정보와 실험 결과를 빠짐없이 정리하였습니다.

이 책을 골랐다는 것은 'AI와 영업'이라는 키워드에 조금이라도 관심이 있기 때문이겠지요. 일단 그런 분들에게 꼭 전하고 싶은 이야기가 있습니다.

먼저 '영업 사원을 채용할 기업'에게 던진 질문을 살펴보겠습니다.

Q. 앞으로 채용할 사람은 생성형 AI를 사용해 본 경험이나 그와 관련된 지식이 있어야 한다고 생각합니까? 다른 능력이나 기업 문화는 일치한다는 전제입니다(특히 영업, 마케팅 분야).

그 결과, 54.9퍼센트가 생성형 AI를 다뤄본 경험 및 관련 지식이 있는 사람을 우대하거나 환영한다고 대답했습니다.

다음으로 '영업 담당자'에게 이런 질문을 던져 보았습니다.

Q. 이직할 경우, 생성형 AI(최신 테크툴(Tech Tool) 포함)를 사용하거나 배워야 하는 환경을 희망합니까?(※다른 조건은 일치한다)

이 질문에는 74.2퍼센트가 생성형 AI와 디지털 활용에 적극적인 기업을 우선한다고 대답했습니다.

이러한 결과를 보면 영업 분야 또한 생성형 AI 활용과 전혀 무관하지 않다는 사실을 알 수 있습니다.

그러니 업계에 따라 AI 활용도가 다르다는 생각에 문제가 없는지 다시 한번 생각해 보시기 바랍니다.

조금이라도 마음에 걸리는 것이 있다면 이 책에 적힌 AI 활용 관련 노하우나 아이디어가 분명 도움이 되리라 확신합니다.

셀레브릭스 영업 종합 연구소
(주식회사 셀레브릭스 집행 임원 컴퍼니 CMO)

이마이 마사야

어느 날 갑자기, 생성형 AI가 눈앞에 나타났다.

2022년 12월 23일, 내가 처음으로 생성형 AI를 접하게 된 날이었다.

그날은 AI 알고리즘을 연구하고 관련 사업을 하는 주식회사 ACES의 다무라 고이치로 사장님을 초청해 영업 대담에 대한 웹 세미나를 촬영하고 있었다.

촬영을 무사히 마친 뒤 올해는 어땠고 내년에는 이런 일을 하고 싶다는 등 연말에 어울리는 잡담을 하고 있을 때였다. 갑자기 다무라 사장님이 무언가 생각났다는 듯 이런 말을 했다.

"아, 이마이 씨. 챗GPT에 대해 들어보셨나요?"

그러고는 스마트폰을 꺼내 간단하게 챗GPT를 시연해 보였다.

그 당시에 나는 시연 내용을 보며 기술의 엄청난 발전에 충격을 받았던 기억이 있다.

챗GPT의 등장으로 조만간 영업 업계도 크게 바뀔지 모르겠다는 이야기를 다무라 사장님과 나눈 것이 기껏해야 1년 전의 일이었다.

하지만 솔직히 크게 신경 쓸 필요가 없다고 생각했다. 정확도가 그렇게 높지도 않았고 AI가 영업 사원의 일을 대신한다니, 호들갑이라며 과소평가했었다.

그로부터 얼마 후 2023년 3월, GPT-4가 공개되면서 상황이 급변했다.

생성형 AI의 성능이 급격히 높아졌고 비즈니스 세계에서도 그 실용성이 주목받기 시작했다.

그래서 서둘러 생성형 AI에 대해 잘 알고 있는 전문가들에게 연락했다.

남들보다 앞서서 생성형 AI를 활용하고 있던 사람들과 의견을 교환하는 사이 내 머릿속에서는 경고등이 크게 울리기 시작했다. 이 분야에 대해 제대로 알지 않으면 큰일 날 수 있겠다는 위기감이 느껴졌기 때문이다.

특히 영업 훈련 앱을 개발한 TANREN 주식회사의 사토 가쓰히코 사장으로부터 생성형 AI의 활용 방법과 아이디어를 소개받았을 때는 머리를 세게 얻어맞은 듯한 충격을 느꼈다.

생성형 AI로 실현할 수 있는 영업의 변혁은 미래적이면서도 그 가능성이 무궁무진했다.

생성형 AI가 제시한 대답과 암시, 조언은 모두 '전문가에 버금가는' 영업 노하우로 가득했다. 또한 영업 지원 전문 회사인 셀레브릭스가 지난 26년간 쌓아 온 영업 비법과 매우 흡사한 결과물들을 간단하게 정리하는 모습을 보며 나는 벌어진 입을 다물 수가 없었다.

특히 내가 출연했던 유튜브 영상 속 자막을 바탕으로 프롬프트라 불리는 지시문을 작성해 챗GPT를 의인화한 'AI 이마이'를 만들었을 때는 잠시 할 말을 잃었다.

마치 진짜 내가 영업을 상담하고 조언해 주는 듯 정확했기 때문이다.

이제야 하는 말이지만 이걸 보았을 때, 솔직하게 말하자면 감동 30퍼센트와 충격 70퍼센트의 느낌이었다. 마치 더 이상 인간 이마이 마사야는 필요 없다는 말을 들은 기분이었다.

아마 누구라도 그랬을 것이다.

영업 관련 노하우나 데이터를 사업 핵심으로 삼고 있는 사람들에게 지적 재산이 무엇인지 묻게 된 순간이었다고 생각한다. 이틀 정도 잠이 오지 않을 엄청난 충격이었다.

고민의 기간이 짧았는지 길었는지는 중요하지 않다. 어쨌든 치열하게 고민한 끝에 나는 긍정적으로 생각하기로 했다. 내가 충격을 받았는지는 중요하지 않다. 시기 상관없이 영업에서 생성형 AI를 활용해야 하는 새로운 시대는 찾아온다. 그리고 그때 생성형 AI의 활용 방법을 모르는 기업은 이를 도와줄 사람이 필요할 것이다. 그것이 내가 내린 결론이었다.

생성형 AI의 등장은 '검색 엔진 이후의 발명', '스마트폰 등장 이후의 충격' 등으로 표현되는데, 잘 생각해 보면 검색 엔진이나 스마트폰 모두 사용하는 사람에 따라 그 활용 정도는 하늘과 땅만큼의 차이가 있다.

같은 회사에서 근무하는 직원들끼리 비교해 보아도 검색 능력에 따라 검색할 수 있는 정보와 결과물의 정확도가 달라진다.

생성형 AI도 마찬가지다. 활용할 수 있는 사람과 그렇지 않은 사람의 '차이'가 반드시 생길 수밖에 없다.

오히려 생성형 AI야말로 IT 활용 능력과 질문 능력, 사전 정보에 대한 지식량에 따라 생성형 AI를 사용할 수 있는지가 결정되는 속인적 영역이라고 생각했다.

쇠뿔도 단김에 빼랬다고, 그렇게 결정하고 나니 행동으로 옮기는 건 금방이었다.

내가 다니고 있는 주식회사 셀레브릭스 세일즈 컴퍼니CELEBRIX

SALES COMPANY는 주로 법인 영업의 컨설팅이나 영업 시스템 생성Sales Enablement 지원, 영업 대행, 영업 인재 소개 등을 담당하는 세일즈 에이전시(영업 활동과 영업 조직의 어려움을 해결하는 업무를 대행하는 회사)다.

셀레브릭스는 지금까지 각 기업을 대신해 영업의 방식을 고안하고 있으며 이를 발판으로 1만 2천 건 이상의 서비스를 판매했다. 이러한 경험을 통해 얻은 법인 영업과 신규 영업의 성공과 실패 패턴을 형식화하여 실적과 이론의 근거로 삼는 체계를 갖추고 있다.

나아가 2023년 11월에는 법인 영업과 신규 영업을 조사하는 연구 기관인 '셀레브릭스 영업 종합 연구소'를 설립했다. 이곳에서는 다양한 척도를 가지고 영업과 관련된 정보와 데이터를 수집하고 있다.

영업을 사랑하고 철저하게 연구해 '영업 지원 업무'를 핵심 사업으로 삼고 있는 우리는 영업의 열혈 팬이라는 표현이 딱 어울리는 회사라 할 수 있다. 그러니 영업과 생성형 AI에 관련된 미래를 탐구하는 일에 나서는 건 지극히 당연한 수순이 아닐까?

영업 지원 회사로서의 긍지와 사명감을 가지고 생성형 AI를 활용하여 영업 활동과 프로세스를 지원해야 한다고 결심하였다.

결심을 하고 나니 결단부터 판단까지는 순식간이었다.

그때까지 나는 최고 마케팅 책임자이자 신규 사업 개발 및 부컴퍼니 리더 등 다양한 직책을 맡고 있었다. 우선 이 업무들을 절반 정도로 줄이고 생성형 AI와 영업을 연구하는 AI TF팀을 만들었다.

유연한 발상을 지닌 젊은 직원들에게 TF팀의 운영을 맡길까 생각도 해봤다. 하지만 경영 전략 회의에 참석하는 직원 중에 생성형 AI에 정통한 사람이 없다면 중기적인 경영 계획을 세우는 데 있어 위험 요소 중 하나가 되리라는 판단이 섰다.

비록 충격을 느끼고 생성형 AI에 관한 연구를 시작했지만, 지금은 이렇게 생성형 AI의 매력에 흠뻑 빠져 있다. 그래서 영업의 새로운 가능성을 믿고 그 내용을 한 권의 책으로 정리할 수 있었다.

세상에는 우리의 생각보다 해보지 않으면 알 수 없는 일들이 많은 법이다.

'생성형 AI 활용 보급 협회'란?

생성형 AI의 활용을 위한 실증 실험과 알림 활동을 계속하던 와중에 일반사단법인 생성형 AI 활용 보급 협회GUGA(Association to Generalize Utilization of Generative)를 알게 되었다.

GUGA는 생성형 AI를 사회에 적용시켜 산업계를 재구축하고자 설립되었다. 그 첫 번째 시도로 '생성형 AI 패스포트'라는 생성형 AI 활용 능력의 습득 및 가시화를 추진하기 위한 자격 검정 시험을 개최했다.

생성형 AI는 직업에 따라서도 받아들이는 정도가 다르다. 어떤 직업은 생성형 AI에 관한 지식만 있어도 일상 업무가 크게 변화할 정도의 영향력이 발휘되기도 한다. 다만, '영업'은 반드시 두 명 이상의 인원이 필요한 대표적인 소통 업무라 할 수 있다.

가령 생성형 AI 지식과 기술만 알고 있다 하더라도 영업직과 영업 활동에 대한 이해, 무엇보다 고객의 기분을 헤아릴 수 있는 커뮤니케이션이 불가능하다면 생성형 AI의 활용으로 주어지는 혜택을 받을 수 없다.

경우에 따라서는 생성형 AI가 내놓은 잘못된 지식 때문에 고객의 구매 경험을 악화시킬 위험성도 내포되어 있다(이 부분에 대해서는 본문에서 자세히 설명하기로 한다).

그러한 가운데 다행스럽게도 내가 가진 법인 영업 및 신규 영업이라는 전문 지식과 생성형 AI의 '활용을 보급'시키려는 GUGA의 사상은 이해관계가 잘 맞아떨어졌다.

그래서 지금은 나 또한 GUGA의 협회원으로서 영업 분야에 생성형 AI가 활용될 수 있도록 보급에 힘쓰고 있다.

GUGA와 나를 연결해 준 Cynthialy 주식회사의 구니모토 지사토 님 (GUGA 협회원)께는 이 자리를 빌려 감사의 말을 전하고자 한다.

생성형 AI는 정말로 영업 사원의 일자리를 빼앗을까?

본격적으로 내용을 전달하기에 앞서 마지막으로 많은 영업직이 불안하게 생각하는 '질문'에 내 나름의 답을 전하고자 한다.

결론부터 말하자면 지금 단계에서 곧바로 AI가 영업 사원을 대신한다는 생각은 시기상조라고 생각한다.

고객들 또한 모두 AI로 바뀐다면 모를까, 고객은 기계나 자판기가 아닌 사람에게서 물건을 산다는 말을 기억해야 한다.

이러한 경향은 법인 영업과 금액이 큰 대규모 거래일수록 강해진다.

특히 고객(구매자)이 신규 거래처로부터 새로운 상품과 서비스를 구입하는 경우라면 더욱 그렇다.

고객의 입장에서 구입하는 장면을 상상해 보도록 하자.

당신이 구매 추진 담당자라면 (도입을 위한) 품의서를 작성할 때 고지식하게 생성형 AI가 A사의 상품을 추천했기 때문에 도입한다고 쓸 수 있을까?

아마 현실적으로 불가능할 것이다.

품의를 올리는 과정에서 상사는 기껏해야 제대로 설명은 들었는지, 다른 회사 제품과 비교하고 검토했는지 정도만 물어본다. 그러니 AI가 작성한 품의서 때문에 무능력한 사람이라고 낙인찍힌다면 어떻게 참을 수 있겠는가.

그리고 구매 활동에서도 영업 사원과 고객의 인간관계나 신뢰에 따라 고객의 '감정'과 '기분'이 개입된다. 영업과 구매 활동은 100퍼센트 합리적인 판단만으로 협의가 이루어지지는 않는다. 때로는 '열의'나 '성의'가 가슴에 와닿아 구매를 결정하기도 한다.

완벽한 상품이나 서비스는 제대로 기능하리라는 보장도 없고 좀처럼 만나기도 어렵다.

그래서 영업 사원을 믿고 맡기겠다는 정신적인 에너지가 의사결정을 내리는 동기가 되기도 한다. 즉 현시점에서는 아무리 솔깃한 말이라 하더라도 로봇과 생성형 AI의 제안만으로 결정을 내릴 가능성이 매우 낮다고밖에 할 수 없다.

한편 영업이나 영업 프로세스 관련 업무 중에는 굳이 사람이 하지 않아도 되는 일이 많고 업무 수행 능력에 따라 작업 시간에 차이가 생기는 것 또한 사실이다.

회의 참석, 회의록 작성, 영업 활동 관련 보고 및 보고서, 제안서 작성, 미팅 회의 준비, 기타 제출물 등 세려고 하면 끝도 없다. 이처럼 영업과 관련된 부가적인 업무를 생성형 AI로 간소화 및 자동화할 수 있다면 영업 생산성은 틀림없이 높아지게 될 것이다.

또한 사람이 해야 정확도가 높은 일이라 하더라도 그 결과는 들쑥날쑥하기 마련이다.

밤늦게 관리자에게 상담을 요청한다면 피곤한 나머지 대충 대꾸할지도 모른다.

또 상대방의 업무가 많은 상황에서 상담을 요청하면 적절한 답변이 오지 않을 수도 있고 경우에 따라서는 기분이 상할 수도 있다.

만일 기존의 동기화(하나씩 진행하는 것)를 생성형 AI를 활용하여, 영업사원이 필요한 내용을 원하는 시점에, 상대방의 상황과 상관없이 처리할 수 있게 된다면 어떨까.

이처럼 영업 관련 부가적인 업무의 비동기화(동시 진행)야말로 생성형 AI를 통해 받을 수 있는 혜택 중 하나라고 생각한다.

생성형 AI를 활용한다면 영업 활동에서 일정을 조정할 때 하나씩 업무를 처리하는 기존 방식에서 벗어나 고객을 상대하는 영업 대면 시간

Sales Pure Time 외에는 업무를 동시에 진행하는 방식으로 바뀌게 될 것
이다.

□ 영업 업무의 효율은 있겠으나 고객과의 인간관계에서의 효율은 존재하지
않는다.

□ 단, AI를 활용할 수 있는 사람이 그렇지 못한 사람의 일을 빼앗는 상황은
실제로 발생할 수 있다.

나는 생성형 AI 서비스의 우열을 가리거나 평가하는 사람이 아니다.

따라서 이 책에서는 특정 생성형 AI를 추천하거나 생성형 AI의 알고리즘과 사양에 대해 언급하지 않았다. 생성형 AI가 제공하는 서비스나 구체적인 사양에 대해 알고 싶다면 인터넷이나 동영상, 혹은 시중에 나와 있는 도서를 참고하기를 바란다.

또한 이 책에 등장하는 참고 사례나 프롬프트는 효율적으로 이해하고 활용하기 위한 예시일 뿐이다. 모든 생성형 AI에서 동일한 결과를 내놓는지 비교하거나 실험하지는 않았다. 어떤 생성형 AI를 사용하느냐에 따라 그 대답의 내용이나 경향은 다를 수 있음을 알아두기 바란다.

이 책에서는 텍스트 생성을 중심으로 생성형 AI를 설명했다. 동영상, 사진, 음성, 텍스트 등 다방면에 걸친 창작물이나 콘텐츠를 만들어내는 생성형 AI 서비스와 앱은 많다. 하지만 이 책을 읽게 될 영업직이나 영업 관련직은 법인 영업과 신규 영업, 그밖의 고객 범위는 상당히 넓다. 따라서 동영상이나 사진을 만들 필요가 없는 영업 담당자도 많을 거라 생각했기 때문이다.

이 책은 생성형 AI와 디지털 기술을 활용해 영업 활동 프로세스를 지능적Intelligent으로 실행하기 위한 조언을 제공하고자 만들어졌다.

감, 경험, 근성을 기반으로 하는 영업 활동을 가리켜 이른바 3K* 영업이라고 한다. 이러한 구시대적 영업 프로세스를 지능적으로 갈고 닦기 위한 생성형 AI의 개념이나 새로운 영업 방식의 설계를 목표로 한 '영업 기술과 영업 지식'에 관한 서적이라고 할 수 있다.

그리고 나는 법인 영업과 신규 영업을 연구하는 영업 모델의 연구 발명가Sales Evangelist다. 따라서 이 책에서는 기본적으로 법인 영업의 직판을 중심으로 이야기를 풀어 나간다.

다만, 개인을 대상으로 한 영업이나 관공서 영업, 대리점과 같은 협력사 영업 활동에서도 많은 부분을 활용할 수 있으리라 생각한다.

* 여기서 언급하는 세 가지(감, 경험, 근성) 일본어 발음의 머리글자가 모두 'K'로 시작하여 '3K'라고 부른다.

| 목차 |

1장

'시 퍼포머'의
탄생

2023년은 '생성형 AI 원년'이라고 해도 과언이 아니었다.

생성형 AI에게 정확한 지시 및 질문을 던지고 적절한 커뮤니케이션을 반복함으로써 장인의 기술이라 불러온 비법의 노하우와 지식에 접근할 수 있게 되었다. 이렇듯 생성형 AI는 비즈니스 세계에 게임 체인저로서 등장하였다.

말하자면 생성형 AI의 등장은 '장인 예술의 민주화'라고 할 수 있다.

생성형 AI는 놀라운 속도로 사진과 영상을 창작하고 문장을 만들어내며 음성을 인식하고 표와 로직 트리를 정리한다. '마치 미래로 시간여행을 했나 싶을 정도'다.

하지만 '영업직'은 어떠한가.

영업 세계에서도 잠깐 화제가 된 적은 있었지만 생성형 AI를 일상적으로 활용하며 일하는 사람은 아직 '극히 일부'에 지나지 않는다.

기업 보안이나 기본 규정상 가이드라인과 방침이 정해지지 않았기 때문일 수도 있고, 사용해 보니 원했던 성과나 결과물을 얻지 못해 손에 익기도 전에 사용을 포기했기 때문일 수도 있다.

그러나 생성형 AI를 사용하지 않는 가장 큰 이유는 '자신의 업무에 필요하지 않다'라고 생각해 정보를 차단하기 때문이다.

우리가 지금 당장 생성형 AI를 활용한 영업 프로세스를 구축했을 때 사업적으로 얻을 수 있는 선점 효과는 무엇인지, 또는 지금 단계에서 받아들이지 않으면 미래 경쟁력 분야에서 무엇을 잃게 될지를 반드시 생각해야 한다.

미래의 시점에서 지금을 바라보고 생성형 AI를 어떻게 다루어야 할지 판단해야 한다.

그러기 위해서도 가장 먼저 우리를 둘러싼 생성형 AI와 영업의 실태를 올바르게 파악할 줄 알아야 한다.

'**AI 퍼포머**'의
탄생

생성형 AI와 '인텔리전트 세일즈'

우선은 생성형 AI의 기본적인 개념과 주요 서비스에 대해 알아보자.

생성형 AI란

생성형 AIGenerative AI는 인공지능의 한 종류다.

이 AI는 텍스트, 음성, 동영상, 사진, 코드 등 다양한 콘텐츠를 만들어낸다. 기존의 챗봇처럼 단순한 질문에 대답할 뿐 아니라 이야기나 작품 및 아이디어의 제안에 이르기까지 창의적인 성과물을 내놓는다는 특징을 가지고 있다. 생성형 AI라는 기술은 업무의 효율화, 브레인스토밍, 아이디어 창출 등 사업적인 면에서 폭넓은 활용과 다양한 장점을 기대할 수 있다.

또한 우리가 비즈니스 세계에서 접할 수 있는 생성형 AI는 다음과 같은 용도로도 이용한다.

◆ 동영상, 텍스트 등 특정 콘텐츠를 만들기 위해 이용한다.
◆ 기존의 SaaS나 ICT 서비스에 생성형 AI가 실장된(장착된) 것을 이용한다.

이 책에서는 이와 같은 생성형 AI를 영업 프로세스에 도입한 영업 활동을 지능적인 활동이라고 인식해 '인텔리전트 세일즈Intelligent Sales'라고 이름 붙였다. 또한 생성형 AI를 활용하여 영업 활동에 나서는 사람을 가리켜 '(세일즈) AI 퍼포머'라고 부르기로 한다.

〈길라잡이〉에서도 설명한 바와 같이 AI 퍼포머는 다양한 상황에서 생성형 AI를 활용할 수 있다. 이 책은 그중에서도 연상하기 쉬운 텍스트 중심의 생성형 AI를 기준으로 설명하고 있다.

지금부터는 주요 생성형 AI 서비스에 대해 설명하기로 한다.

2024년 2월 말 기준으로 주요 텍스트 계통 생성형 AI 서비스는 다음과 같다.

1. 챗GPT

챗GPT는 사용자가 질문을 입력하면 AI가 텍스트 등을 자연스러운 대화 형식으로 생성하는 서비스로, 전 세계적으로 생성형 AI의 붐을 일으킨 장본인이다.

이전까지는 텍스트 계통의 생성형 AI 서비스를 제공해 왔으나 짧은 시간 내에 업데이트를 거듭하며 2023년 12월에 일러스트 등의 이미지 또한 생성할 수 있게 되었다(DALL-E 3라는 앱을 이용).

2. Copilot

Copilot은 Microsoft가 제공하는 최신 검색 엔진으로, 예전에는 Bing이라는 이름으로 불렸다.

챗GPT-4가 탑재되어 있으며 GPT-4의 일부 기능을 무료로 이용할 수 있어 사용자 수가 증가하고 있다.

3. Copilot for Microsoft 365

Microsoft 365 Copilot은 Excel, Word, PowerPoint, Teams, Outlook 등 MS의 기본 서비스에 생성형 AI를 탑재시킨 서비스다. Word에서 작성한 텍스트를 바탕으로 PowerPoint의 슬라이스를 만드는 등 MS Office 내에서의 호환성이 화제가 되었다.

4. Gemini

Gemini는 Google이 제공하는 AI 챗봇으로, 과거에는 Google Bard라는 이름으로 알려져 있었다.

Google은 챗봇의 이름을 'Bard'에서 사용하던 대규모 언어 모델 'Gemini'로 변경해 그 핵심 기술인 대규모 언어 모델을 중심으로 한 브랜드의 인지와 이해를 향상시키기 위해 힘쓰고 있다.

생성형 AI를 이용하지 않는다,
혹은 금지되어 있다 '72.1퍼센트'

2023년 12월, 셀레브릭스 영업 종합 연구소에서는 영업직 및 영업 관련직 1,000명을 대상으로 생성형 AI와 영업에 관한 이용 실태를 조사했다.

물론 지금까지 생성형 AI의 이용률이나 실태를 조사한 보고서는 있었지만, 생성형 AI가 화제가 되고 나서 약 1년 후인 '현재 상황'을 정확하게 파악하기 위함이었다.

또한 영업 실태를 조사할 때도 기업의 규모나 업계, 위치에 따른 경향을 파악할 수 있도록 다양한 명목 척도를 도입한다.

이를 바탕으로 2023년 12월에 아래와 같은 조건으로 조사 연구를 실시하였다.

영업직의 생성형 AI 활용 실태 조사 보고서

<table>
<tr><td colspan="4" align="right">셀레브릭스 영업 종합 연구소 조사</td></tr>
<tr><td colspan="4">[대상 연령: 23~59세]
■ 연령대 분포</td></tr>
<tr><td>20대: 240명</td><td>30대: 261명</td><td>40대: 259명</td><td>50대: 259명</td></tr>
<tr><td colspan="4">[속성]</td></tr>
<tr><td>영업직(B2B)</td><td>소속 직원 규모,
업종 불문</td><td>거주지 전국</td><td>성별 불문</td></tr>
</table>

우선은 기업 규모와 업계 등 카테고리 구분 없이 1,000명을 대상으로 생성형 AI 활용 실태를 조사했다. 그 결과 〈생성형 AI 툴과 서비스를 도입하거나 사용하지 않는다〉가 44퍼센트, 〈전사적으로 생성형 AI 활용을 허가하지 않는다/금지되어 있다〉가 28.1퍼센트로, 생성형 AI를 이용하지 않는다고 대답한 영업직이 72.1퍼센트에 달한다는 사실을 파악할 수 있었다([그림 1-1] 참조).

반면 〈전사적으로 생성형 AI 툴과 서비스를 도입하거나 사용하고 있다〉라고 대답한 비율은 11퍼센트에 그쳤다.

사실 내가 지난 8월에 소셜 미디어 'X(구 twitter)'에서 영업직을 대상으로 설문조사를 했을 때도 '일상적으로 생성형 AI를 활용하고 있는가?'라는 질문에 11퍼센트만이 '그렇다'고 대답했었다.

즉 영업 분야에서는 반년 가까운 시간(2023년 12월 말 기준) 동안 생성형 AI 이용에 전혀 진척이 이뤄지지 않았음을 알 수 있다.

또한 〈전사적으로 생성형 AI 툴과 서비스를 도입하거나 사용하고 있다〉라고 대답한 사람의 회사 직원 수를 비교해 보면 1~50명이 6.4퍼센트, 51~500명이 10.2퍼센트, 501~1,000명이 12.8퍼센트, 1,001명 이상이 14.5퍼센트로, 의외로 대기업과 중견 기업에 근무하는 사람들이 생성형 AI를 활발하게 활용한다는 사실을 새롭게 발견할 수 있었다.

 영업직의 생성형 AI 활용 실태 조사 보고서

회사가 생성형 AI를 도입하였습니까?	Record Count
1. 생성형 AI 툴과 서비스를 도입하거나 사용하지 않는다.	448
2. 전사적으로 생성형 AI 활용을 허가하지 않는다 또는 금지되어 있다.	286
3. 일부 인원과 사업부에 생성형 AI 툴과 서비스를 도입하거나 사용하고 있다.	173
4. 전사적으로 생성형 AI 툴과 서비스를 도입하거나 사용하고 있다.	112

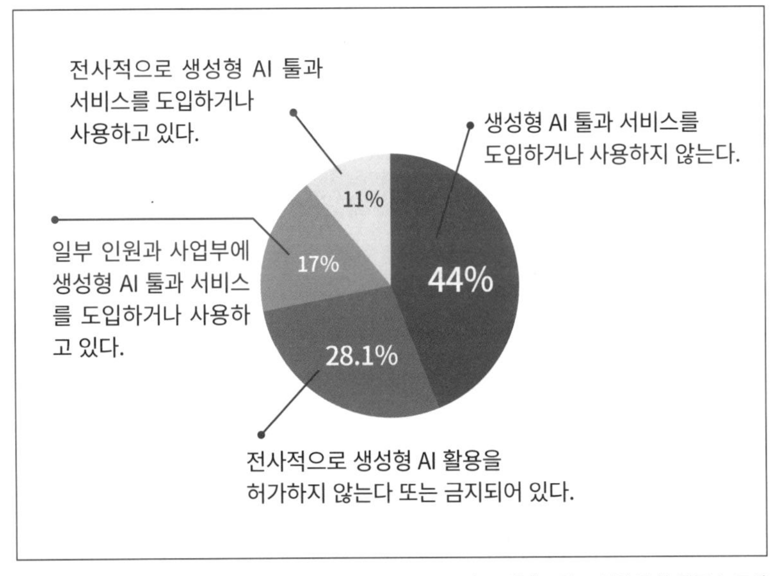

자료: 셀레브릭스 영업 종합 연구소 조사

이와 더불어 전체 인원수로 보자면 〈사용하지 않는다 또는 금지되어 있다〉의 합계가 과반수 이상이라는 결과가 나왔다.

이어 생성형 AI를 도입한 기업에 '사내에 생성형 AI가 도입된 목

적으로 해당하는 것을 모두 고르시오'라는 질문을 던졌을 때의 대답
은 [그림 1-2]와 같다.

이 데이터는 어디까지나 기업이 생성형 AI를 도입한 목적을 파악
하기 위한 것이다(개인적 이용을 위한 도입 목적과는 다름).

기업이 생성형 AI를 이용하는 목적은 업무의 생산성과 효율을 향
상시키기 위해서다. 이러한 사실은 [그림 1-2]을 보면 알 수 있다. 그
배경에는 단순한 업무 효율의 향상뿐 아니라 다가올 노동 생산 인구
의 감소, 그리고 이미 시작되고 있는 '영업직군 채용의 난이도 상승'

그림 1-2

사내에 생성형 AI를 도입한 목적으로 해당하는 것을 모두 고르시오.	수	점유율
① 업무의 생산성과 효율을 높이기 위해	152	24%
② 인건비를 줄이기 위해	60	10%
③ 데이터를 분석해 더 나은 결정을 내리기 위해	117	19%
④ 새로운 비즈니스 기회를 찾기 위해	75	12%
⑤ 고객에 대한 서비스 품질과 제공 가격을 높이기 위해	74	12%
⑥ 휴먼 에러Human Error를 줄이기 위해	50	8%
⑦ 구체적으로 어디서 사용할지는 미지수이지만 회사 내 활용 방법을 모색하기 위해	42	7%
⑧ 기본 규정, 보안, 관리를 강화하기 위해	25	4%
⑨ 기타	2	0%
⑩ 모르겠다	30	5%
합계	627	100%

이라는 시대적 환경의 영향도 깔려 있다. 적은 인원으로도 영업 결과의 수준을 유지할 수 있는 체제 구축에 시행착오를 거치고 있다는 증거라고 생각해도 좋다.

또한 데이터 기반 경영Data Driven Management이나 데이터 기반 영업 Data Driven Sales의 연장선상에서 생성형 AI를 활용해 데이터를 기반으로 최적의 의사결정을 하고 싶다는 목적도 눈에 띈다.

나아가 새로운 사업 기회를 모색하거나 고객 경험과 서비스 품질 향상을 꾀하기 위한 사업 개발, 서비스 업데이트 등에도 이용 및 활용이 검토되고 있다는 사실을 알 수 있다.

[그림 1-3]은 '생성형 AI를 활용해 회사 비용 삭감 및 업무 효율화에 성공했는가?'라는 질문에 대한 대답이다.

여기도 개인 단위가 아니라 회사 및 조직 단위로 질문했다.

그림 1-3

생성형 AI를 활용해 회사의 비용 삭감 및 업무 효율화에 성공했는가?	수	점유율
비용 삭감 및 업무 효율화에 성공했다.	53	19%
굳이 말하자면 비용 삭감 및 업무 효율화에 성공했다.	98	34%
모르겠다.	72	25%
굳이 말하자면 비용 삭감 및 업무 효율화에 실패했다.	30	11%
비용 삭감 및 업무 효율화에 실패했다.	32	11%
합계	285	100%

〈비용 삭감 및 업무 효율화에 성공했다〉라고 대답은 19퍼센트, 〈굳이 말하자면 비용 삭감 및 업무 효율화에 성공했다〉라는 대답이 34퍼센트였다. 이는 곧 생성형 AI의 도입으로 일정한 비용 삭감과 업무 개선이 예상된다는 비율이 53퍼센트라는 뜻이다. 이 결과를 통해 과반수 이상의 기업에서 일정한 성과를 내고 있다는 사실을 알 수 있지만, 아직 그 수가 많다고 볼 수는 없다. 〈모르겠다〉라는 대답이 25퍼센트이므로 현재 실험 중이거나 생성형 AI를 활용하기 위한 지식을 쌓고 있는 기업이 많다는 점도 엿볼 수 있다.

반면 22퍼센트의 기업은 생성형 AI를 사용해 만족할 만한 성과를 얻지 못하였다.

생성형 AI를 도입해도 손에 익기 전에 사용을 포기하거나 활용 능력이나 숙달 정도에 따라 생성형 AI가 내놓는 정보가 다르다는 점이 이러한 결과에 영향을 미쳤을 가능성이 있다.

그림 1-4

비용 삭감 및 업무 효율화에 성공했다고 말한 사람의 회사 직원 규모	수	점유율
① 1~50명	21	14%
② 51~500명	49	32%
③ 501~1,000명	22	15%
④ 1,000명 이상	59	39%
합계	151	100%

그렇다면 기업의 비용 삭감과 업무 개선에 대한 기대감은 그 회사의 직원 수와 어떤 상관관계가 있는지 알아보자.

[그림 1-4]에서는 이 비용 삭감과 업무 효율화에 〈굳이 말하자면 성공했다〉 이상의 긍정적인 대답을 한 기업의 직원 수별 비율을 계산해 보았다.

비용 삭감은 직원 수에 비례하지는 않았다.

그러나 보다시피 1,000명 이상의 대기업군에서는 직원 수와 그 점유율이 높다는 사실을 알 수 있다. 영업직군에 인원이 많을수록 표준화된 시스템과 절차가 주는 혜택을 받기 쉽다는 뜻이다.

가령 1인당 업무 효율이 개선되어 영업 미팅 이외의 업무 시간이 1주일에 2시간 줄어든다고 하자. 그러면 한 달에 영업직 1,000명 × 4주 × 2시간 = 8,000시간이라는 엄청난 시간을 단축시킬 수 있으니 비용 삭감을 피부로 느낄 수 있다.

마찬가지로 [그림 1-5]는 '생성형 AI를 활용함으로써 회사의 영업 실적 및 매출이 향상되었는가?'라는 질문에 대한 조사 결과다. 여기서도 개인이 아닌 회사 및 조직 단위로 질문했다.

〈영업 실적 및 매출이 향상되었다〉라는 대답이 16퍼센트, 〈굳이 말하자면 영업 실적 및 매출이 향상되었다〉가 34퍼센트로, 약 50퍼센트의 기업이 생성형 AI의 도입을 통해 매출 향상을 기대한다고 대답한 셈이다. [그림 1-3] '비용 삭감 실적' 데이터와 비교해 보면 3퍼센트 내려갔지만, 〈변하지 않았다〉 대답의 비율은 늘어났음을 알 수 있다.

생성형 AI를 활용함으로써 회사의 영업 실적 및 매출이 향상되었는가?	수	점유율
영업 실적 및 매출이 향상되었다.	46	16%
굳이 말하자면 영업 실적 및 매출이 향상되었다.	96	34%
변하지 않았다.	62	22%
굳이 말하자면 영업 실적 및 매출이 감소했다.	21	7%
영업 실적 및 매출이 감소했다.	2	1%
모르겠다.	58	20%
합계	285	100%

이 설문조사는 아직도 많은 기업들이 생성형 AI를 활용한 '인텔리전트 세일즈'의 실적 만들기에 고심하고 있다는 사실을 보여주고 있다.

왜 회사에 생성형 AI를 도입하지 않을까?

이어서 관점을 달리해 연일 화제가 되고 있는 생성형 AI를 좀처럼 도입하지 못하는 이유를 알아보기로 한다.

[그림 1-6]은 '회사에 생성형 AI를 도입하지 않는 이유와 생성형 AI에 대한 우려에 해당하는 것을 모두 고르시오'에 대한 대답이다.

여기서는 〈모르겠다〉라는 대답 이외에 〈애초에 원하지 않는다 혹은 필요하지 않다〉라는 대답이 24퍼센트라는 점이 눈에 띈다. 다른 대답과 비교해 높은 수치인데, 여기에는 몇 가지 가설이 예상된다.

① 생성형 AI에 대한 이해와 지식이 부족하다.

② 생성형 AI와 같은 미지의 기술에 대한 불안과 불신, 일종의 위화감을 느끼고 있다.

③ 본인이 속한 업계는 특별해서 생성형 AI 등이 제공하는 정보에 의존하는 영업 활동은 실패할 거라 단정짓고 있다.

그림 1-6

회사에서 생성형 AI를 도입하지 않는 이유와 생성형 AI에 대한 우려에 해당하는 것을 모두 고르시오.	수	점유율
금액이 비싸다, 예산을 확보할 수 없다.	82	8%
사용할 수 있을지 불투명하다 혹은 불안하다 또는 제대로 활용할 수 없다.	68	7%
실제로 어떤 업무나 작업에서 사용할 수 있을지 떠올리기 어렵다.	61	6%
새로운 기술에 대한 거부감을 느낀다 혹은 불안하다.	24	2%
생성형 AI가 내놓은 결과를 제대로 사용할 수 있을지 불안하다 또는 생성형 AI가 내놓은 결과를 전적으로 믿을 수 없다.	49	5%
사생활, 보안에 대한 우려가 불식되지 않았다.	46	5%
생성형 AI 활용과 관련된 법률과 규제에 대한 지식이 부족하다.	57	6%
생성형 AI 도입 또는 활용하기 위한 협력 및 제공 회사를 발견하기 어렵다.	45	5%
애초에 원하지 않는다 혹은 필요하지 않다.	236	24%
기타	1	0%
모르겠다.	306	31%
합계	975	100%

다음은 '영업 담당자 개인'을 대상으로 실시한 설문조사다.

'당신이 업무에서 생성형 AI를 활용하는 목적에 해당하는 것을 모두 고르시오'라는 질문에 대해 [그림 1-7]과 같이 대답했다.

당신이 업무에서 생성형 AI를 활용할 때의 목적에 해당하는 것을 모두 고르시오. (※복수 응답 가능)	수	점유율
대상 선정	94	20%
영업 목록 작성(함수, gas)	157	34%
경합, 시장, 환경 분석	86	18%
가설 설정, 전략 책정	51	11%
문장 작성(편지, 메일, 대화 대본, 기타)	74	16%
기타	3	1%
합계	465	100%

이 중에서는 〈영업 목록 작성〉이 34퍼센트, 〈대상 선정〉이 20퍼센트라는 점이 눈에 띈다. 개별 영업 미팅보다 고객 전략이나 전술 수립 등에서 많이 이용되고 있는 듯하다.

대상 목록을 작성하기 위한 대상 선정과 목록 작성이 전체의 54퍼센트를 차지했다. 영업은 의존성이 쉽게 발휘되거나 시간이 걸리기 때문에 효율화를 꾀하고 싶은 것인지도 모른다.

마지막 설문조사 결과 또한 영업 담당자 개인을 대상으로 한 것이다.

'당신이 업무에서 생성형 AI를 활용할 때 특히 과제라고 생각하는 것을 모두 고르시오'라는 질문에는 [그림 1-8]과 같이 대답했다.

당신이 업무에서 생성형 AI를 활용할 때 특히 과제라고 생각하는 것을 모두 고르시오. (※복수 응답 가능)	수	점유율
금액이 비싸다.	166	11%
사용할 수 있을지 불투명하다 혹은 불안하다 또는 제대로 활용할 수 없다.	209	13%
실제로 어떤 업무나 작업에서 사용할 수 있을지 떠올리기 어렵다.	179	11%
새로운 기술에 대한 거부감을 느낀다 혹은 불안하다.	81	5%
생성형 AI가 내놓은 결과를 제대로 사용할 수 있을지 불안하다 또는 생성형 AI가 내놓은 결과를 전적으로 믿을 수 없다.	129	8%
사생활, 보안에 대한 우려가 불식되지 않았다.	136	9%
생성형 AI 활용과 관련된 법률과 규제에 대한 지식이 부족하다.	111	7%
애초에 원하지 않는다 혹은 필요하지 않다.	182	12%
기타	2	0%
모르겠다.	367	23%
합계	1562	100%

개인적인 이용임에도 불구하고 〈모르겠다〉가 가장 많은 23퍼센트, 〈애초에 원하지 않는다 혹은 필요하지 않다〉가 12퍼센트를 차지했다. 영업 담당자의 입장에서는 새로운 것을 배우거나 업무가 늘어나는 데 대한 거부감이 있을 수 있다.

다만 〈사용할 수 있을지 불투명하다〉, 〈사용할 수 있을지 떠올리기 어렵다〉, 〈모르겠다〉와 같은 대답이 47퍼센트를 차지했는데, 이는 생성형 AI에 대한 이해나 생성형 AI로 할 수 있는 일에 대한 정보가 부족하기 때문으로 보인다.

또한 〈새로운 기술에 대한 거부감〉, 〈생성형 AI가 내놓은 결과를 전적으로 믿을 수 없다〉와 같이 생성형 AI 그 자체를 회의적으로 보는 대답도 13퍼센트나 된다.

여기까지 영업 조직과 영업 활동을 둘러싼 '생성형 AI의 실태'에 대한 정보를 알아보았다.

생성형 AI를 제대로 활용할 수 있는 '영업맨'이 되자!

지금까지의 결과를 놓고 살펴봤을 때 어쨌든 생성형 AI를 유익하게 활용할 수만 있다면 그 잠재력이 엄청날 것이라고 기대하는 사람이 많다는 사실을 알 수 있었다. 그럼에도 이를 일상적으로 활용하는 사람은 극히 일부에 불과했다.

그러나 앞서 이야기한 것처럼 이미 비용을 삭감한 기업도, 업무 개선과 연결된 실적도, 매출이 향상된 사례도 등장했다.

나아가 영업 프로세스에 생성형 AI와 디지털 테크놀로지를 도입하여 지능적으로 영업 활동과 고객 경험을 실현한 기업도 있다. 이에 대해서는 제3장과 제6장에서 설명하기로 한다.

기업 또는 개인으로서 AI를 활용할지 말지는 스스로 정하는 것이다.

그러나 적어도 생성형 AI를 활용해 무엇을 할 수 있는지, 내가 속한 영업 조직과 영업 활동, 그리고 경력에 어떠한 영향을 미칠지 등의 내용도 모른 채 판단하는 일은 어리석다고 생각하지 않는가?

제2장부터는 인텔리전트 세일즈가 주는 충격과 가능성에 대해 '하나부터 열까지' 빠짐없이 소개하기로 한다.

☑ POINT

- □ 영업 조직에서 일상적으로 생성형 AI를 이용하고 있는 비율은 11퍼센트에 불과하다. 심지어 6개월이 지나도 그 숫자는 늘어나지 않는다.

- □ 생성형 AI에 대한 이해와 정보 부족으로 어떻게 활용해야 하는지 모르는 사람이 대다수다.

- □ 성과를 내는 기업과 사람이 있는 이상, 인텔리전트 세일즈를 이해한 뒤 도입과 추진의 여부를 결정해야 할 것이다.

2장

'시 스피릿'을 손에 넣어라*

영양제는 영양 성분을 보충하여 건강 유지, 증진 및 관리를 위해 섭취하는 식품으로 영양 보조 식품이라고도 부른다.

그런 의미에서 생성형 AI는 영업 업계의 '영양제'일지도 모른다.

영양제는 어떤 약을 같이 먹느냐에 따라 자칫 건강에 좋지 않은 영향을 일으킬 수 있다. 이를 영업에 빗대어 본다면 생성형 AI가 제시한 정보를 있는 그대로 받아들이고 영업 미팅에서 활용했다가는 큰 문제가 생길 수도 있다는 뜻이 된다.

영양제에는 '균형 잡힌 식단을 섭취하기 바란다'는 주의 문구가 적혀있다. 영양제는 어디까지나 '보충하는 것'이라는 주의 사항을 환기시키는 것이다. 영업으로 따지자면 '생성형 AI로 정보를 습득하거나 불필요한 업무를 단축시켰다고 해도 영업 사원이나 영업직으로서의 기초가 부실하면 그 효과는 기대할 수 없다'라는 의미라 할 수 있다.

생성형 AI는 소원을 이뤄주는 요술 램프나 요술 지팡이가 아니다. 내가 원하는 방향으로 일이 흘러가게 하려면 내 경험과 지식, 그리고 교양도 필요하다.

특히 영업 활동에 절대적인 답은 없다. 하지만 구매자의 입장에서는 직무나 직위, 소속 부서, 추구하는 목표, 기업 규모, 지역, 구매 경향에 따라 필요하다고 느끼는 영업이 달라진다.

조금 더 자세히 설명하면 같은 고객이라 하더라도 그날의 기분이나 상태에 따라 편하게 느껴지는 커뮤니케이션이 달라진다고 할 수 있다.

영업은 상대가 있어야 비로소 성립하는 커뮤니케이션 직군이기 때문이다.

영업은 생성형 AI가 내는 대답이나 결과에 휘둘려서는 안 된다.

우리는 보다 나은 고객 경험과 영업 활동을 위해 생성형 AI를 활용해야 할 것이다.

즉 생성형 AI는 영업에게 잘 맞는 '영양제'여야만 한다.

* 본 장에 수록된 법률의 문구는 일본 기준 시행 법률이므로 국내 저작권법과 차이가 있을 수 있습니다. — 옮긴이 주

'AI 스피릿'을
손에 넣어라

생성형 AI로 영업 프로세스의 최적화 실현하기

특히 법인 영업 및 신규 영업에서 성과를 내기 위해서는 영업 프로세스를 최적화할 필요가 있다. 일단 올바른 고객에게 올바른 과제를 설정하고 올바른(최적의) 제안을 한다면 계약 성사율은 자연스럽게 올라가게 된다. 이는 영업의 원리 원칙이다.

만일 성과가 나질 않는다면 영업 프로세스 과정 속에서 앞서 이야기한 것 중 하나에 문제가 발생했기 때문에 이상적인 결과를 도출하지 못했거나, 혹은 목표를 지나치게 높게 설정해 무리하고 있을 가능성도 있다.

어찌 되었든 영업 활동의 성과를 최대한 끌어올리고 싶다면 누구나 쉽게 따라할 수 없는 영업왕의 업무 스타일보다 영업 사원 개개인의 저점과 수준을 높이는 쪽이 훨씬 효과적이다.

영업 담당자는 (좋은 의미의) '만만찮은 성격'을 지닌 영업왕의 기술과 기교를 따라하기보다 영업 업무의 잘못된 점이나 불필요한 일을 줄여간다면 성과를 높여가는 개선 주기가 빨라질 것이다.

영업왕이 어떠한 상을 받았다고 상상해 보자. 그 사람들은 하나같이 해야 할 일을 철저히 했을 뿐이라고 말한다. 이에 대해 신기하다고 생각해 본 적이 없는가? 해야 할 일을 했을 뿐인데 어떻게 그러한 성과를 낼 수 있었는지 말이다. 매사를 철저하게 해내는 건 결코 쉽지 않다.

이 이야기의 본질은 영업왕이 말한 '당연함의 기준'이 일반인들이 봤을 때 '전혀 당연하지 않거나 할 수 없는' 사안들뿐이라는 점이다.

영업왕은 업무와 관련된 시련과 장애물들을 공략하는 사이에 어느새 이를 극복하는 과정이 습관으로 자리 잡으면서 결과적으로는 '당연함'의 기준이 크게 높아지기도 한다.

따라서 일반 사람들이 성과가 좋은 영업왕의 습관을 따라 하려고 해도 그 노력에 대한 진입 장벽 자체가 높으니 오래 지속할 수 없다.

나아가 고객과의 관계성, 미묘한 반응을 알아챌 수 있는 관찰력 등 영업과 관련된 배경이나 문맥을 같이 따라하지 않는다면 실패할 수밖에 없다.

가령 영업왕은 고객과 이야기를 나누는 과정에서 민감한 질문을 던져 고객의 문제를 노출시킬 수도 있다. 하지만 이 단편적인 상황만을 따라한다면 고객이 기분이 나쁘다고 지적할지도 모른다. 방법만 흉내 내다가 실패하는 전형적인 패턴이다.

서론이 조금 길어졌는데, 영업이 생성형 AI를 활용할 때의 가장 큰 장점은 영업왕을 양산할 수 있다는 점이 아니다.

바로 영업 프로세스의 '잘못된 점', '시간이 필요한 점'과 같은 부정적인 요소를 줄이는 데 공헌한다는 점이다. 이를 올바르게 이용할 수 있다면 말 그대로 '유효'하게 활용할 수 있다.

영업 활동의 '부정적인 점'이 줄어들수록 결과적으로 실적이 향상된다는 것은 말할 필요도 없다.

영업 활동에 생성형 AI를 이용할 때의 장점

영업 프로세스에서 생성형 AI를 통해 얻을 수 있는 장점은 구체적으로 다음과 같다.

1. 영업 활동 관련 부수적인 지식의 향상

2. 영업 활동의 효율화

3. 영업 활동의 품질 향상

4. 영업 관리의 효율화

5. 영업 관리의 품질 향상

6. 전략과 전술을 만들기 위한 분석 효율의 향상

7. 재현성 있는 영업 활동의 추진

이에 대해 하나씩 설명하기로 한다.

1. 영업 활동 관련 부수적인 지식의 향상

생성형 AI는 영업 활동을 유리하게 만드는 정보를 수집하고 그 정보를 지식으로 전환하는 데 도움을 주는 가이드 역할을 한다.

애초에 우수한 영업 사원이라면 누구나 '정보와 지식'을 활용한다. 영업은 '정보 가공업'이라 불리기도 하는 만큼 정보의 이용 및 활용이 성과에 큰 영향을 미친다.

정보를 지배하는 자가 영업을 지배한다는 표현 또한 과장이 아니다. 구매 의사가 없는 고객을 상대할 땐 그 고객이 생각을 바꾸고 행동할 수 있게 하는 깨달음이 필요하다. 그리고 그 직접적인 계기가 되는 것이 바로 정보나 지식을 바탕으로 세운 가설인 경우가 많다.

그러나 영업 활동을 하면서 정확도 높은 정보를 수집하고 지식을 쌓는 일을 동시에 할 수는 없다. 특히 서로 다른 업계와 직종에 있는 불특정 다수를 고객으로 상대로 한다면 그들의 정보를 모으고 지식을 얻는 일에 많은 시간을 할애할 수 없다.

게다가 우리 주변의 환경은 다양한 정보로 넘쳐나 마치 살아있는 생물처럼 매일 최신 정보가 갱신된다.

생성형 AI는 이러한 정보를 효율적으로 수집하고 정리해 지식으로 저장할 수 있도록 도와준다.

◇ 업계 및 자사 서비스와 관련된 정보 수집과 지식 습득

생성형 AI를 활용하면 판매하고자 하는 상품의 가치 제안Value Proposition을 어떻게 제안할지 쉽게 파악할 수 있다. 또한, 경쟁사의 제품과 기능 및 경쟁력 측면에서 어떤 차이가 있는지도 비교·정리할 수 있다.

생성형 AI에게 사례와 실제 사용하는 상황, 사용 전후 비교 등을 정리 혹은 요약시키면 생생한 표현력으로 마치 직접 겪어본 듯 매력적으로 전달할 수 있게 된다.

◇ 고객의 업계와 사업에 대한 정보 수집과 지식 습득

고객이나 고객 기업과 관련된 정보에 대해서도 방대한 지식과 '솔깃한 정보'를 가지고 있을 필요가 있다. 고객은 영업 사원이 자신에 대해 잘 알고 있거나 충분한 정보를 가지고 있다고 느끼면 자기 노출Self-disclosure의 양이 늘어나기 때문이다.

그러한 의미에서는 고객 중심의 3C(Customer, Competitor, Company) 정보를 가지고 '귀사의 시장과 고객 경향을 비교해 보면', '경쟁사의 움직임과 비교해 보면', '귀사의 지향점과 현재 상황 사이에서 발생

한 격차는'과 같이 비교 가능한 정보를 가진 상태에서 가설을 확인하고, 질문을 던지고, 고객의 말을 경청하며, 필요할 때는 우회적인 표현을 사용할 줄 알아야 한다.

구체적인 사례는 이 책의 222쪽의 사례 ②에서 자세하게 소개하기로 한다.

2. 영업 활동의 효율화

생성형 AI의 활용이라는 말을 들으면 영업 활동의 효율화를 가장 먼저 떠올릴 것이다.

실제로 제공 기업과 버전에 따라 생성형 AI의 성능은 달라진다. 다만 영업 현장에서 생성형 AI는 영업 사원 대신 '말하는 우수한 조수'로서 분석하거나 목표 달성을 위한 브레인스토밍을 해 주거나 문서를 작성해 주는 등 고객과의 직접적인 대화 이외의 업무를 대신한다. 이는 제3장에서 자세하게 설명하기로 한다.

앞서 〈길라잡이〉에서도 언급한 바와 같이 효율화를 실현할 수 있는 열쇠는 비동기화다. 영업 담당자 한 명이 마치 분신술을 펼치듯 동시에 여러 일을 진행할 수 있는 것이 비동기화의 특징이다. 나아가 상대방의 상태에 의존하지 않으므로 내 마음대로 할 수 있다는 점이 가장 큰 장점이라고 할 수 있다.

'상담'을 예로 들어보자. 이제까지는 상사의 기분이나 안색을 살피며 '기회를 엿보는 일'이 정석이었다. 나는 이것이 무척 서툴렀던

탓에 상담을 요청할 타이밍을 놓쳐 혼이 났었다.

그리고 영업 미팅 준비를 하면서 동시에 다른 일을 할 수도 있다. 생성형 AI에게 방문할 회사의 홈페이지나 IR을 요약하게 하고 기존의 고객에게 감사 메일을 보내거나 미팅 회의록을 작성하는 식으로 일을 동시에 처리할 수 있다.

한 사람이 하나의 일만 처리하는 평면적인 시간 사용에서 입체적인 업무 진행으로 옮겨가는 셈이다.

이때 핵심은 영업 사원이 주도적으로 질문과 지시를 하지 않는 한 생성형 AI는 도움을 줄 수 없다는 점이다. 아무리 우수하다고 한들 생성형 AI는 수동적이다. 그러므로 내 표정이나 분위기를 살펴 필요한 일을 먼저 나서서 해 주지 않는다.

즉, 생성형 AI가 얼마나 뛰어난 도움을 줄지는 내가 어떤 지시를 내리느냐에 달려있다.

그림 2-1 생성형 AI로 영업 활동의 효율성 높이기

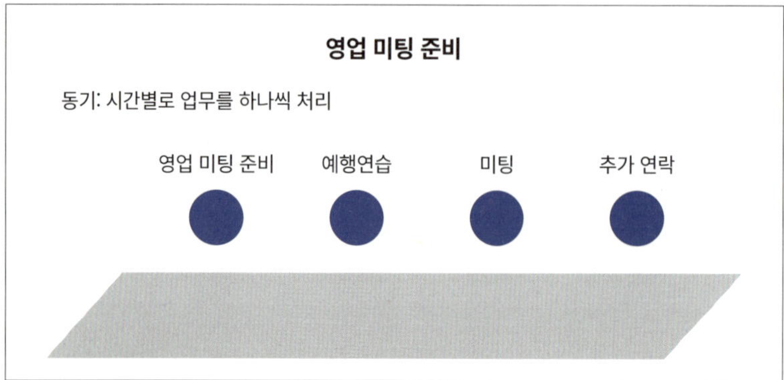

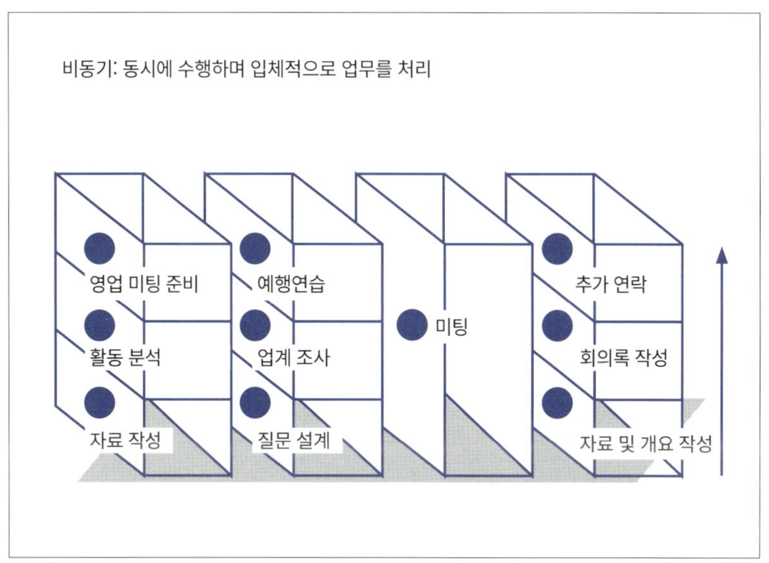

3. 영업 활동의 품질 향상

생성형 AI를 활용하면 영업의 질이 올라간다는 말에 대해 어떻게 생각하는가?

호들갑이라거나 아직 사람의 지식과 경험에는 못 미친다고 생각하는 사람도 있을 것이다.

물론 그 의견도 맞다. 하지만 반대로 의욕과 컨디션을 항상 완벽하게 유지할 수 있느냐는 질문은 어떠한가?

자신의 영업 활동을 되돌아보며 가슴에 손을 얹고 한 번 생각해 보길 바란다.

◆ 신규 고객에게 전화나 편지로 연락할 때, 미리 준비된 똑같은 문구만 반복하거나 혹은 상황에 맞춰 임기응변으로 대응하고 있지 않았는가?

◆ 영업 미팅 준비에 충분한 시간을 확보해 기업별로 개별화된 자료와 회의 내용, 사례 소개 등을 준비했는가?

◆ 준비한 영업 미팅 내용의 가설은 상사나 선배와 의논해 그 정확도를 높였는가?

◆ 영업 미팅에서 가설이 빗나갔을 경우, 이와 연결된 다음 질문이나 대체 질문을 할 준비가 되어 있는가?

◆ 첫 영업 미팅을 한 당일에 감사 인사를 보내거나 간단한 회의록을 작성하거나 후속 업무를 의뢰했는가? 또한 잊어버리기 전에 제안서의 요점이나 구성을 생각했는가?

위의 내용은 모두 고객이 '사지 않아야 할 이유'를 없애기 위한 노력이다. 이와 반대되는 행동을 하거나 또는 이미 해버렸다면 영업 활동에 '부정적인 영향(마이너스)'을 끼친다.

최상의 컨디션인 영업 사원과 비교한다면 확실히 아직은 사람이 훨씬 우수할지 몰라도 생성형 AI는 사람처럼 지치지 않는다는 강점이 있다.

생성형 AI가 모든 것을 해결해 주는 만능 기계는 아니다. 하지만 생성형 AI가 준비한 60~70퍼센트 정도의 결과물을 사람이 완성시키는 프로세스를 갖춘다면 품질이 높은 비즈니스를 실현할 수 있을 것이다.

4. 영업 관리의 효율화

생성형 AI가 어떻게 효율적으로 영업을 관리하는지를 논하기 전에 먼저 영업 관리의 방향성에 주목해 보자.

영업 관리의 역할에 대해 이야기하려면 '영업의 역할'을 정의해야 한다.

셀레브릭스에서는 조직 내 영업의 역할을 '목표 달성'으로 규정하고 있다. 영리 법인의 이익 목표는 사업부의 목표로 세분화되고 사업부의 목표는 그룹, 팀, 그리고 개인으로 세분화된다. 그러므로 각 영업 사원이 목표를 달성하지 않으면 조직 목표를 달성할 수 없다.

그리고 영업의 존재 의의가 '목표 달성'이라면 영업 관리의 역할은 '영업이 목표를 계속 달성할 수 있도록 기능하는 것'이어야 한다.

그렇다면 영업 관리는 조직의 목표를 달성시키기 위해 무엇을 해야 할까. 셀레브릭스에서는 목표 달성으로 이끄는 영업 관리 방식을 네 가지 항목으로 나누었다([그림 2-2] 참조).

매니저는 이 네 가지 관리 항목에 따라 '인적 관리'와 '업무 관리'로 나누어 관리해야 한다.

인적 관리는 관리 대상자(영업 사원)의 의사Will나 동기에 맞게 경력을 쌓게 하거나 성장을 지원하는 일이다.

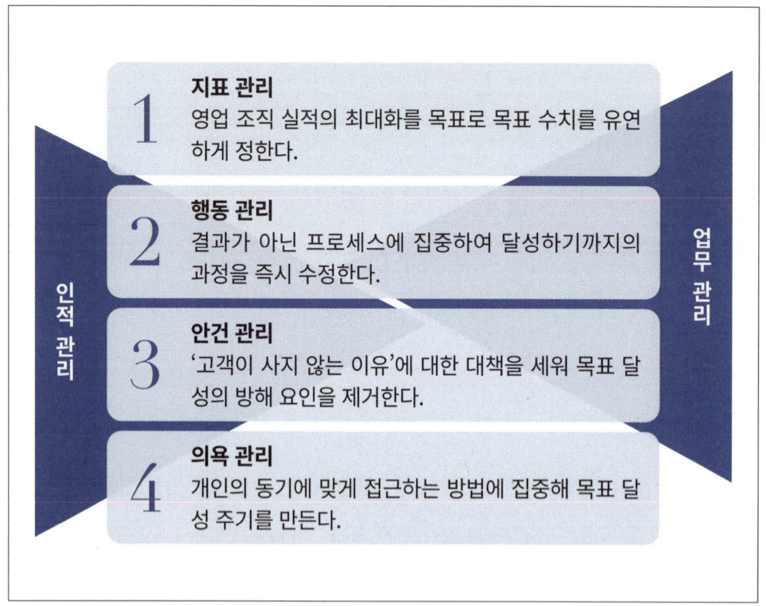

또한, 영업이라는 업무는 대인 비즈니스다. 그렇기 때문에 교과서적인 방법이나 정직한 방법으로는 해결되지 않는다. 고객의 질타나 불만에 의욕을 잃는 일도 허다하고 동료와 비교당하기도 한다. 또 의욕이 넘치는 날이 있는가 하면 영업이 적성에 안 맞는다며 낙담하기도 한다.

그러다가도 이야기를 들어주는 상사가 있으면 긍정적으로 변하거나 열심히 하려고 하는 기분이 들기도 한다. 이처럼 영업은 원래 감성적인 일이다. 목표를 달성하기 위해 팀이 하나가 되어 성과를 내거나 목표를 달성한 뒤의 환희를 맛보면 그간의 노고가 싹 가시기도 한다. 이러한 극적이고 열정 넘치는 회사 환경을 만드는 것도 인재 관리의 중요한 업무 중 하나다.

그렇다면 '업무 관리'는 어떠한 역할을 담당하는 걸까.

위의 그림에서 보면 〈지표 관리〉, 〈행동 관리〉, 〈안건 관리〉는 인적 관리와 직결된다. 그중 아웃바운드(지원)의 법인 및 신규 영업 관리에서는 〈행동 관리〉와 〈안건 관리〉를 중요시한다.

아웃바운드 영업에서는 '구매 검토' 단계에 들어가지 않은 구매 의사가 없는 고객을 상대로 영업 미팅을 해야 하기 때문이다.

그러한 고객은 영업 미팅 프로세스 곳곳에서 사지 않을 이유를 찾거나 사지 않겠다는 판단을 내려 영업 미팅이 진행되지 않는다.

즉 영업 관리자는 영업 담당자가 거래를 성사시키기 위해 다음 두 가지 사항을 관리해야 한다. 하나는 영업 담당자가 올바른 프로세스와 행동을 취하고 있는지 관리해야 하고, 다른 하나는 계약 성사를 위한 과정에서 발생하는 방해 요소나 염려되는 부분을 바로잡을 수 있도록 지원해야 한다.

말 그대로 '업무'의 관리는 영업 성과에 직결되므로 즉효성이 인정된다.

'업무 관리'는 생성형 AI를 활용해 영업 관리의 효율화를 꾀할 수 있다. 영업 사원의 프로세스 수치를 생성형 AI에게 분석시켜 설정해야 할 지표를 내놓게 하거나 프로세스별 확인 사항을 미리 프롬프트

(생성형 AI에 내리는 지시문)로 정리해 보자. 그러면 생성형 AI에게 영업 수치를 분석하게 했을 때 영업 활동의 어디에 문제가 있고 무엇을 개선해야 하는지 힌트를 제시해 준다.

또한 오늘날 재택근무 등이 늘면서 직원들이 같은 사무실에서 일하거나 소통할 기회가 줄어든 기업도 있다. 따라서 생성형 AI에게 업무 관리의 일부를 돕게 하거나 혹은 대신하게 하면 시간적 여유가 생기고 영업 관리자는 인적 관리에 더욱 집중할 수 있다.

5. 영업 관리의 품질 향상

생성형 AI는 영업 관리의 효율화와 마찬가지로 품질 향상에도 기여할 수 있다. 애초에 관리에 관한 교육이나 학습을 만족스럽게 받을 기회는 많지 않다.

특히 영업 관리자의 경우는 영업 실적이 우수한 사람이 승진하는 과정에서 그대로 관리 부문으로 이동하는 일이 많다.

다만 '명선수는 명지도자가 될 수 없다'라는 말처럼 우수한 영업 사원이 반드시 이상적인 영업 관리자가 된다고는 볼 수 없다.

오늘날은 영업직과 영업 관리직 모두에게 '재현성'과 '평준화'가 요구되고 있다.

구인난과 함께 이직도 많아진 오늘날에는 지금 남아 있는 직원들의 성과를 최대한 끌어올리기 위해 관리자는 그들에게 엄격한 잣대를 제시해야 한다. 그러한 상향식 접근 방식Bottom up이 필요한 영업 조직 안에서 자신의 성공 체험에만 의존하는 관리는 품질이 높다고 할 수 없다. 생성형 AI를 비롯한 다양한 디지털 테크놀로지와 데이터를 활용해 위에서 내려다보며 최적의 답을 구할 필요가 있다.

6. 전략과 전술을 만들기 위한 분석 효율 향상

앞서 장점을 소개할 때도 잠깐 언급했지만, 생성형 AI는 데이터와 정보를 수집하고 그 정보를 정리 및 가공하여 원하는 결과물을 내놓는다.

다음은 그 예시다.

◆ 과거 계약했던 기업 특성, 영업 미팅 이력, 면담자 정보, 니즈 등을 분석하여 원인과 결과를 조사하고, 우선도가 높은 타겟팅 아이디어를 도출한다(경쟁사의 대체제로서 계약/상장 기업이 계약했음 등의 인과 도출).

◆ 종료된 안건 중 최종적으로 계약 체결에 실패한 이유와 함께 기업 특성, 영업 미팅 이력, 면담자 정보 니즈 등을 분석시켜 실패 이유에 대한 상품화 및 마케팅 정책, 영업 미팅을 잡기 위한 임원 설정, 질문 내용, 반론 대책 등의 아이디어를 출력시킨다.

◆ 기존 거래 고객 중 해약률이 높은 고객의 해약 이유와 함께 고객 특성 및 니즈 종류의 인과 관계를 조사하거나 이상적인 계약 조건 또는 계약 성사 방안을 철저히 분석한다(인바운드보다 아웃바운드가 해약률이 높음 / 매출 500억 원 이하는 해약률이 높음 등).

◆ 마찬가지로 고객 평생 가치LTV(Life Time Value)가 높고 거래 지속 기간이 긴 경우의 인과 관계를 알아본다.

이처럼 총 누적 매출, 수주, 안건, 미팅, 타켓 잠재 고객Target Lead 등 영업 프로세스의 성과와 그에 영향을 미치는 요인들의 인과 관계를 정밀하게 분석시킬 수 있다.

7. 재현성 있는 영업 활동의 추진

생성형 AI를 영업 활동 프로세스에 도입하면 재현성이 있는 영업 조직의 구성과 영업 활동의 추진에 도움을 준다. 재현성이란 문자 그대로 누가 하든 똑같은 성과를 내거나 같은 상태로 마무리할 수 있다는 뜻이다.

[그림 2-3]을 통해 영업 조직과 영업 활동에서 재현성의 반대에 해당하는 '속인적' 환경에 대해 알아보자. 애초에 속인적인 경향을 띠는 영업 활동에서는 3.을 해결하기 위해 '표준화된 영업 프로세스를 구축'할 때 생성형 AI가 도움 된다.

영업 미팅 준비 단계 때 생성형 AI에 정해진 프롬프트를 입력하여 업계 조사를 하거나, 메일 발송 전에 생성형 AI로 오탈자나 문장 오류를 확인하고, 정보 수집 및 영업 미팅 준비에 규칙이나 순서를 정하면 일정하게 재현 가능한 영업 프로세스를 설계할 수 있다.

1. 개인 성격과 경험에 의존

대인 관계를 맺는 과정에서 그 영업 담당자가 가진 독특한 능력과 성격이 발휘되면 재현이 어려워진다. 또한 영업 담당자의 경험에 의존한 커뮤니케이션이 자주 나타난다면 속인성은 더욱 높아진다.

2. 지식 공유Knowledge Sharing의 부족

영업 담당자끼리 지식을 공유하지 않으면 각 담당자는 독자적인 고객 정보와 영업 전략을 갖게 되어 속인화될 수 있다. 관리자가 충분한 환경을 마련해 주지 않는 경우도 마찬가지다.

3. 표준화된 프로세스의 부재

그 영업 조직이 목표로 하는 영업 프로세스가 명확하지 않거나 표준화를 위한 규칙이나 도구를 마련하지 않는다면 담당자가 독자적인 방법으로 업무를 진행하게 되므로 속인적 요소가 강해진다.

4. 교육과 훈련의 부족

신입이나 각 담당자에 대한 충분한 교육과 훈련이 이뤄지지 않으면 경험이 풍부한 영업 담당자에 의존하는 경향이 높아진다. 그리고 상사와 선배 입장인 사람이 속인적이라면 그 지식과 노하우는 전수되기 어렵거나 지도자에 따라 교육 내용이 바뀌게 된다.

5. 보수 체계의 영향

개인 실적 기반의 보수 체계에서는 각 담당자가 자신의 성과 향상을 위해 독자적인 전략을 택할 가능성이 높아져 속인화를 심화시킬 수 있다.

생성형 AI의 '단맛'을 맛볼 수 있을지는 사용자의 응용력에 달렸다

현재 대부분의 생성형 AI는 사용자와 자연스럽게 소통하면서 AI를 학습시키고 콘텐츠를 생성하는 방식이 일반적이다. 즉 생성형 AI의 활용도는 사용자의 대화 능력이나 배경 지식에 영향을 받는 부분이 있다.

그러나 생성형 AI를 효과적으로 활용하지 못하는 사람은 "애초에 사용법을 모른다"거나 "원하는 대답과 받은 대답이 다르다"며 변명하곤 한다. 사실 이런 사람들은 생성형 AI뿐 아니라 사람과의 대화도 어려워한다.

AI에게 지시를 내리지 못한다면 다른 사람에게도 제대로 지시할 수 없다. 이에 대해 내 경험담을 예로 들어 설명하고자 한다.

얼마 전 어떠한 설문조사를 실시했을 때였다. 생성형 AI가 내가 원하는 대답이 아닌 다른 대답을 내놓았다. 나는 생성형 AI가 '원래 그러한 것'을 알고 있었으므로 '질문을 하는 방법, 조건과 프롬프트의 설정이 어설펐던' 내 잘못임을 인정했다.

하지만 다른 직원에게 똑같은 일을 부탁했을 때는 달랐다. 원하는 결과를 얻지 못하니 그 직원은 생성형 AI가 왜 이해하지 못하는지, 왜 알아서 잘 처리하지 못하는지 실망스러운 마음이 앞섰다.

이처럼 나 역시도 생성형 AI를 깊이 이해하기 전까지는 부정적인 감정을 느끼는 일이 일상다반사였다. 그러나 생성형 AI로부터 기대 이상의 대답을 얻기 위해서는 사용자의 활용 능력이 중요하다는 사실을 알고 나니 그러한 생각이나 커뮤니케이션이 무척 부끄럽게 느껴졌다.

결국 생성형 AI든 사람이든 좋은 대답을 내놓지 않는 이유는 의뢰하는 방식에 문제가 있기 때문이라는 사실을 깨달았다.

이처럼 생성형 AI를 제대로 활용할 수 있느냐는 사용자의 지식과 활용 능력에 크게 좌우된다.

그러므로 지금부터는 생성형 AI를 유효하게 활용하기 위한 조건에 대해 설명하기로 한다.

생성형 AI의 장단점

생성형 AI는 만능이 아니므로 장단점이 존재한다. 장점은 다음과 같다.

◇ 대량의 데이터에서 패턴을 인식

AI는 대규모 데이터 세트로부터 패턴을 학습하고 유사한 상황이나 데이터에 적용한다는 장점이 있다. 이미 정보와 데이터가 모여 있다면 정보도 원활하게 뽑아낼 수 있다.

◇ 언어 생성과 이미지 생성

생성형 AI는 텍스트를 생성하는 능력이 매우 뛰어나다. 그래서 기사나 줄거리, 대화 등 다양한 형식의 텍스트를 만들어낼 수 있다. 또한 부여된 설명을 바탕으로 생생한 이미지와 일러스트를 생성할 수 있다.

◇ 데이터 분석과 예측

데이터에서 경향을 분석하고 미래의 예측하거나 추세를 도출하는 데 최적화되어 있다.

◇ 자동화와 효율화

일상적이거나 반복적인 업무를 자동화하여 시간과 비용을 절약하는 데 도움이 된다.

당연히 생성형 AI에게도 단점은 있다. 구체적으로는 다음과 같다.

◇ 문맥과 배경의 이해 부족

AI는 특정한 문맥이나 미묘한 뉘앙스를 완전히 이해할 수 없다.

◇ 창조성의 한계

AI는 기존의 데이터와 정보를 바탕으로 생성하므로 인간의 창조성과 독창성을 따라잡지 못하는 면이 있다.

◇ 윤리적 판단의 결여

AI에는 윤리적으로 판단하는 능력이 없으므로 사람의 감독하에 사용해야 한다.

◇ 감정과 감각의 이해

AI는 사람의 감정과 감각을 완전하게 이해할 수 없다.

◇ 실시간 적응과 학습

일부 AI는 실시간으로 적응하거나 새로운 상황을 신속하게 학습하지 못하는 경우가 있다. 또한 생성형 AI는 '~는 하지 말고'와 같은 '부정어'를 이해하는 데 어려움을 겪는다고 한다. 이는 사람도 마찬가지인데, 머릿속으로 카레를 생각하지 말라고 해도 무의식중에 떠올리게 되는 것과 같다.

생성형 AI를 효율적으로 활용하기 위한 네 가지 조건

생성형 AI의 성질을 이해했으니, 지금부터는 생성형 AI의 장점을 의식하면서 효율적으로 사용하기 위해 필요한 사항을 알아보도록 하자.

① 질문의 정확도 높이기

질문의 정확도가 높으면 목적과 목표에 맞는 결과물을 기대할 수 있다. 질문의 정확도가 높다는 말은 일단 질문이 명확하다는 뜻이다. 구체적이고 명확한 질문으로 듣는 이가 그 의도를 쉽게 이해할 수 있어야 한다.

다음으로 연관성을 가져야 한다. 질문이 논의의 주제나 목적과 직접적으로 관련되어 있는 상태로 만든다.

또한 구체성도 필요하다. 구체적인 정보나 상세한 내용을 요구해야 하며, 일반적이고 추상적이지 않은 질문을 해야 한다.

그러기 위해서는 대답의 범위가 적절해야 한다.

무엇을 명확하게 알고 싶고 무엇을 해결하고 싶은지 그 목적이 확실하다면 '질문의 정확도'가 높은 상태다. 이는 생성형 AI를 유효하게 활용하기 위한 조건 중 하나다.

② '프롬프트'를 정확하게 이해하고 활용하기

'프롬프트'의 활용은 질문의 정확도에 영향을 준다.

생성형 AI의 활용에서 이 프롬프트라는 말은 키 트리거key trigger로서 종종 등장한다.

생성형 AI에서 프롬프트란 AI에게 지시와 요구를 전달하기 위한 입력문과 지령을 가리키는 말이다. 즉 프롬프트는 AI가 어떠한 업무를 실행하고 어떠한 출력을 생성하는지를 정하기 위해 사용된다.

생성형 AI로부터 기대하는 결과물을 얻기 위해서는 프롬프트에 배경, 조건, 목적 등을 구체적으로 포함시켜야 한다. 프롬프트의 상세 내용과 참고 사례는 후술할 〈부록〉을 참고하기를 바란다.

③ '할루시네이션'에 현혹되지 않기

생성형 AI는 잘못된 정보나 현실과는 동떨어진 그럴듯한 답변을 출력하기도 한다.

이를 '할루시네이션Hallucination(환각)'이라고 부른다. 생성형 AI는 태연하게 거짓말을 하거나 잘못된 정보를 전달한다는 사실을 염두에 두기를 바란다.

생성형 AI의 사용자는 생성형 AI의 진실과 거짓을 분별할 전제 지식과 전제를 올바르게 의심하는 힘인 비판적 사고Critical Thinking 등을 길러야 한다. 이는 매우 중요하므로 자세한 내용은 후술하기로 한다.

④ 생성형 AI가 제시한 답에 대해 '대화를 계속하기'

'딱 한 번의 대화로 생성형 AI의 유효성을 판단하는' 패턴은 생성형 AI를 유용하게 활용하지 못하는 경우에서 자주 볼 수 있다.

그렇다면 사람 사이의 대화는 어떤가?

주어 위치, 구두점 위치 하나에 따라 상대방은 다양하게 이해할 수 있다.

사람끼리의 대화라면 커뮤니케이션을 계속하며 이를 바로잡을 수 있지만 그에 비해 생성형 AI는 정해진 기회 안에서만 대화할 수 있다니, 이 얼마나 불공평한 환경이란 말인가.

이상적인 결과물을 받아보려면 도출된 대답을 보고 구체적으로 지시하거나 수정해야 한다.

문장의 작성법이나 설명 방식에 따라 받아들이는 쪽의 이해가 바뀌는 것은 사람이나 생성형 AI나 똑같다. 다음의 문장을 예시로 들어보자.

"부장은 웃으며 회의에 참가한 부하를 질책했다."

이 문장에서 웃고 있는 사람은 '부장'인가, 아니면 '부하'인가?

이를 생성형 AI에게 물어보니 다음과 같이 대답했다([그림 2-4 참조]).

사실 이 문장은 구두점을 어디에 두느냐에 따라 해석이 갈린다. 일상적인 대화나 말에는 상대방이 어떻게 받아들이느냐에 따라 배경과 전제가 달라지는 일이 흔하다. 그러니 단순히 상대방의 이해력이나 문맥 해석력이 이상하다고 치부해서는 안 된다.

대화의 전제 조건이나 표현부터 사람이나 생성형 AI 모두 알기 쉽게 구성하거나 금세 이해하도록 만든다면 비즈니스 성사에 한 걸음 더 가까워질 수 있다.

You

다음 문장을 읽고 질문에 대답하세요.

부장이 웃으며 회의에 참가한 부하를 질책했다.

질문: 웃고 있는 사람은 '부장'입니까? 아니면 '부하'입니까?

생성형 AI

이 문장에서 '웃고 있는 사람'은 '부하'입니다. 문장 구성상 '웃으며 회의
에 참가한' 사람은 '부하'와 관련되어 있고 부장이 이 부하를 질책하는 상
황을 떠올릴 수 있습니다.

You

정말로 그렇습니까?

생성형 AI

다시 검토해 본 결과, 이전 대답은 잘못되었습니다. 올바른 대답은 '부장
은 웃으며 회의에 참가한 부하를 질책했다'라는 문장에서 '웃고 있는 사
람'은 '부장'입니다.

문장 구성상 '웃으며'라는 부분은 '부장은'과 직접적으로 연결되어 있으
므로 이 문장은 부장이 웃으며 부하를 질책하고 있다고 해석됩니다. 회
의에 참석한 부하가 웃고 있는지는 명시되어 있지 않습니다.

생성형 AI의 리스크를 제어할 때 중요한 것

여기까지 생성형 AI의 장점과 효과적으로 활용하는 방법에 대해 알아보았다.

하지만 당연하게도 생성형 AI에게 장점만 있는 것은 아니다.

생성형 AI는 양날의 검이다.

물론 어떠한 사업이든 일정한 위험은 따르기 마련이다.

따라서 생성형 AI를 효과적으로 활용하기 위해서는 그 특성과 유의점을 이해하고 조직의 가이드라인과 영업 담당자 개인 차원의 활용 능력을 향상시켜 위험 요소를 제어할 수 있게 해야 한다.

여기서는 생성형 AI의 유의점에 관한 정보를 설명한다. 생성형 AI에 대한 이해도를 높여 지나친 환상이나 오해를 가지지 않도록 제어하며 위험 분산을 꾀하도록 하자.

◇ 생성형 AI를 활용할 때의 유의점

1. AI는 '태연하게' 거짓말을 한다(환각).

2. 윤리관과 미의식이 결여된 판단으로 입장이 난처해진다.

3. 저작권 등 기본적인 내용을 파악하는 것은 AI 퍼포머의 도덕이다.

4. AI의 대답'만'으로는 영업 기술이 향상되지 않는다.

5. 선택한 답변에 대한 책임은 사용자에게 있다.

이에 대해 하나씩 설명하기로 한다.

1. AI는 '태연하게' 거짓말을 한다.

일단 오해하지 않도록 말하자면 현재 생성형 AI는 의도적으로 허위 정보를 생성하지 않는다(의도적으로 거짓말을 한다면 말세가 아닐까?).

생성형 AI는 학습 데이터의 편중이나 이해의 한계, 불명확한 프롬프트 등에 의해 잘못 해석해 출력하기도 한다. 앞서 이야기한 것처럼 이를 환각이라고 부른다.

이처럼 잘못된 정보를 출력하지 않는 질문과 프롬프트를 이용하는 것이 가장 이상적이다. 하지만 계속 이야기하듯 사람이 '전달했다'라고 생각한 말에는 상대방이 잘못된 정보를 떠올리게 하는 방해물이 가득하다.

미스 커뮤니케이션을 없애는 일은 불가능에 가깝다. 그러므로 AI가 내놓은 결과물은 참고 자료로 취급해야 하고 특히 중요한 판단을 내릴 때는 추가 검증도 해야 한다.

이와 관련해 내 경험담을 소개하기로 한다.

영업 미팅 준비를 위해 어느 대기업 IR이 공개한 재무 하이라이트와 대차대조표의 정보를 생성형 AI에게 요약하게 했다.

나는 현직 CMO이자 연구소 소장이므로 영업의 최전선에 나서는 일이 많지 않다.

다른 업무를 하면서 효율적으로 준비하고 싶었기 때문에 중간까지는 생성형 AI의 결과물을 믿고 이를 전제로 영업 미팅의 가설을 세웠다.

생성형 AI가 내놓은 결과물에 따르면 그 대기업은 작년 대비 매출은 성장했지만 영업 이익은 전년도를 밑돌고 있는 상태였다. 큰 투자 건이 있었던 건지, 예상치 못한 지출이 있었던 건지 신경이 쓰여 손익계산서PL(Profit and Loss statement)를 살펴보니 실제로는 영업 이익도 성장한 상황이었다.

즉 생성형 AI가 잘못된 정보를 정리하고 있었던 셈이다. 결국 내가 구축했던 가설의 전제도 모두 바뀌게 되었다.

만일 생성형 AI가 내놓은 정보를 그대로 믿고 영업 미팅에서 '매출은 늘었지만 순이익이 감소하셨던데, 크게 투자라도 하셨나요?'라고 물었다가는 한바탕 소동이 벌어졌을지도 모르는 일이다.

분석할 정보가 텍스트인지도 이해의 정확도에 영향을 미치겠지만, 중요하거나 민감한 정보는 반드시 직접 확인해야 한다는 사실을 몸소 체험할 수 있었다.

2. 윤리관과 미의식이 결여된 판단으로 입장이 난처해진다

나는 생성형 AI를 도입하려는 기업과 영업 담당자에게 '윤리관'과 '미의식'을 가지라고 강력하게 주장한다.

윤리관은 그 이유를 알 수 있지만 미의식은 왜 필요한지 궁금할 것이다.

여기서 미의식이란 '다른 사람을 존중하고 배려와 예의를 중요히 여기는' 것이다. 이는 좋은 것(아름답고 품성이 있는 행위)과 나쁜 것(상스럽고 제멋대로인 행위)을 나누는 기준을 가져야 한다는 말로도 표현할 수 있다.

윤리관과 미의식이 있으면 관심과 배려, 이해심이 생긴다.

그리고 이는 '영업 사원들이 생성형 AI의 이용을 허가한들 고객이 허가하지 않을지도 모른다'라며 전제를 계속 의심하는 일로 이어진다.

이 전제를 가지고 있지 않은 영업 사원의 커뮤니케이션과 행동에는 늘 리스크가 따른다.

영업 담당자가 영업 미팅 후 고객의 메일로 회의록을 보냈다고 가정해 보자. 이때 별 뜻 없이 AI에게 회의록을 정리를 시켰다고 말할 수도 있다.

다만 생성형 AI 사용을 허용하지 않는 고객의 정보나 외부에 알려지지 않은 민감한 정보를 영업 사원이 생성형 AI에게 학습시키는 것이 윤리적으로 문제가 없는지 생각해 보아야 한다. 이러한 행동이 바로 '미의식을 가진 행동'이라고 할 수 있다.

이런 경우에는 '영업 미팅 회의록은 생성형 AI에게 정리시키는 것이 효율적이다'는 식의 수단을 강조하는 방침을 내세우지 말고 미의식과 윤리관에 따라 판단하고 행동할 수 있도록 교육해야 한다. 그리고 영업 미팅에서 나눈 대화를 그대로 회의록으로 만들게 지시하는 것은 위험하다고 생각해야 한다.

이러한 관점에서 영업 관리자와 영업 기획 및 지원 부문은 영업 조직의 생성형 AI 활용에 관한 가이드라인과 지침서의 작성, 그에 따른 교육 체계를 마련해야 한다.

그러나 수단과 방법을 규정으로 금지하더라도 그 의도와 생성형 AI를 활용하는 영업 사원으로서의 자세(스탠스와 스타일)를 이해하지 못한다면, 다른 부분에서 실수나 문제가 발생할 수 있다는 사실을 잊지 말아야 한다. 규정이나 가이드라인은 모든 상황을 상정하기 어려운 데다가 항목 수가 늘어날수록 지키지 못할 위험성이 커지기 때문이다.

그래서 윤리관과 미의식을 갖추는 일이 중요하다.

이러한 감각이나 의식은 상명하복의 방식으로는 키울 수 없고, 각 영업 담당자의 마음속 깊이 스며들어야 하기 때문에 정기적인 스터디 그룹이나 스스로 고민하는 기회를 갖도록 하는 것이 중요하다.

3. 저작권 등 기본적인 내용 파악은 AI 퍼포머의 도덕이다.

생성형 AI를 이용할 때 저작권이나 법률적으로 문제가 없는지 의문이 든다.

그러나 아쉽게도 '저작권'에 대해 자세하고 정확하게 지도하는 영업 조직은 많지 않다.

그래서 생성형 AI의 활용에 필요한 저작권의 기본에 대하여 정리해 보았다.

다만 이 책은 2024년 2월 시점의 해석을 다루고 있다. 그 이후로

법이 개정되었거나 재판 등으로 새로운 판례가 생겼다면 유사 사안들은 그에 따라 판단될 수도 있고 경향의 예측 또한 바뀔 수 있으므로 최신 정보를 자발적으로 올바르게 파악해야 한다.

다음은 일본 저작권법 및 문화청이 주최한 〈AI와 저작권(원제 AIと著作権)〉 세미나의 참고 문헌에서 발췌한 내용이다. 일본 저작권법에서는 제30조 제4항에 생성형 AI 및 디지털화의 대응에 관한 법이 제정되었고 현재 문화심의회에서 그 개념의 명확화를 논의하고 있다.

우선은 AI뿐 아니라 저작권을 허가 없이 이용할 수 있는 경우를 살펴보자.

◇ 사적 이용은 저작권자의 허가 없이 이용할 수 있다.

저작권법 제30조 제1항에서는 기본적으로 '개인적 또는 가정 내, 그 밖에 이에 준하는 한정된 범위 내에서 사용하는 것을 목적으로 할 때' 저작권자의 허가를 얻는 일 없이 저작물을 복제, 사용할 수 있도록 규정하고 있다. 이를 저작물의 '사적 이용'이라고 한다.

요약하자면 개인이 학습하거나 정보를 정리하기 위해 서적 등의 저작물을 사용하는 것은 문제가 없는 듯하다. 그렇다면 PPT 등 자료를 인용하거나 정보를 전재하는 경우는 어떨까?

◇ 저작권법 제32조 제1항에 규정된 '인용'의 요건을 만족하거나 허가를 받았는가?

판례(도쿄지방법원 1977년 7월 22일 자)에서는 '기업, 기타 단체에서 내부적으로 업무상 이용하기 위해 저작물을 복제하는 행위는 그 목적이 개인적인 사용에 있다고 볼 수 없고, 또한 가정에 준하는 한정된 범위 내에서의 사용이라고는 할 수 없다'라고 판시하고 있어, 사적 이용에는 해당하지 않는다는 입장이다. 이처럼 업무상 이용은 사적 이용에 해당하지 않으므로 저작물을 이용하기 위해서는 저작권법상 '인용'에 해당할 필요가 있다. 저작물을 인용으로서 게재하려면 다음의 확인 사항을 모두 충족해야 한다.

- 이미 공표된 저작물일 것
- 인용의 필요성이 있을 것
- 인용 부분과 그 외가 명료하게 구별되어 있을 것
- 본문이 주, 인용 부분이 종일 것
- 인용 부분에 원문으로부터의 개변이 추가되지 않을 것
- 출처를 명시할 것(신문사(출판사)명, 발행연도(일), 저자명, 페이지 수 등)

이처럼 기획서와 제안서에 기재된 제삼자의 저작물은 저작권을 침해할 가능성도 있다. 이와 더불어 저작물의 이용 방법에 따라 출처 명시 등의 조건을 통과하면 사용할 수 있는 것도 있고, 저작권자의

허가를 받아야만 하는 것도 있다는 사실도 잊지 말아야 한다.

그렇다면 AI의 경우는 어떨까.

일본 문화청에서 주최한 저작권 세미나 〈AI와 저작권(원제 AIと著作權)〉에서 무료로 배포한 PDF를 참고로 요약해 보았다. 문화 심사회에서는 검토 과정에서 저작물의 입력 단계와 출력 단계를 나누어 검토할 필요가 있다는 발언이 나왔다고 한다.

<입력>

◇ 입력 행위는 저작권 침해가 아니다(조건 있음).

AI에 입력하는(학습시키는) 단계에서는 저작물의 표현이나 사상을 바꾸지 않고, 저작자에게 불이익을 주지 않는다는 전제하에 저작권자의 허가 없이 실시할 수 있다고 본다. 단, 저작물에 표현된 사상 또는 감정을 향유하려는 목적으로 사용하는 경우는 저작권자의 허가가 필요하다. 또한 사상 또는 감정을 향유하려는 목적이 아니더라도 필요하다고 인정되는 범위를 넘어서는 경우 등에는 저작권자의 허가가 필요하다.

간단하게 정리하면 입력 행위 자체가 저작권을 침해하지는 않지만, 저작권자에게 불이익이 발생하거나 저작권자의 사상 또는 생각을 자신의 창작물처럼 사용하려 할 때는 반드시 허가를 얻어야 한다는 사실을 알 수 있다.

그렇다면 출력은 어떨까?

<출력>

◇ AI뿐만 아니라 저작권 침해가 되는 경우와 그렇지 않은 경우가 있다.

결론적으로 AI인지 아닌지는 직접적인 관계가 없다. 작성(생성)된 결과가 기존 저작물과 '유사성'이 있는지 기존 저작물의 '의거성'에 해당하는지에 따라 판단된다.

여기서 언급한 '유사성'과 '의거성'은 무엇인지 함께 조사해 보았다.

- 유사성이란 말 그대로 복제copy에 관한 것으로, 기존 저작물과 유사하여 저작권법에 위반되었다고 본다.
- 의거성이란 타인의 저작물을 이용해 창작하는 것이다.

이 유사성과 의거성에 의한 저작권 침해에 대하여 구체적으로 알아보자.

생성된 이미지의 업로드 또는 자료로서의 삽입, 복제물의 판매, 서적의 유사 정보나 의거성이 인정된 상업적 이용에 대해서는 저작권 침해로 판단할 가능성이 있다. 간단히 말해 생성물이 '확실하게 복제한 것', '이 저작물을 바탕으로 제작한 것'이라고 인정된다면 저작권 침해가 될 가능성이 있다는 뜻이다.

영업 담당자는 자료나 기획서에 데이터를 활용하여 설득력 있는 근거를 갖추려고 한다. 다만 생성형 AI에게 콘텐츠나 정보를 요약하도록 지시할 때는 유사성과 의거성에 각별히 주의해야 한다.

그리고 무엇보다 누군가의 콘텐츠를 마음대로 이용·가공하여 자신의 창작물처럼 발표하는 임시방편적인 행위는 고객에게 좋지 않은 인상을 심어줄 수도 있다. 그러므로 부디 윤리관과 미의식을 가지고 행동하도록 하자.

4. AI의 대답'만'으로는 영업 기술이 향상되지 않는다.

생성형 AI가 영업 활동의 가이드를 만들어 주거나 생성형 AI를 통해 알고 싶은 정보의 답을 얻었다고 해서 자신의 영업 기술이 높아졌다고 착각해서는 안 된다. 안타깝지만 이것이 현실이다.

엄밀히 말해서 생성형 AI의 활용 응용력을 향상시켜 성장할 수도 있고, 생성형 AI가 출력한 정보를 기억하거나 활용해 지식과 체험 정보로 삼아 성장할 수도 있다.

그러나 생성형 AI가 답을 주었다고 해서 나의 영업 기초 능력 그 자체가 올라가지는 않는다.

구체적인 예를 들어보자.

가령 생성형 AI를 활용해 영업 미팅을 준비할 때, 웹사이트 등에서 정보를 요약해 '질문 리스트' 작성에 성공했다고 치자.

이에 따라 조사나 정보의 정리, 질문 항목의 작성에 대한 '시간 단축'에는 성공했지만, 이는 결코 스스로의 질문 능력이 높아졌다는 뜻은 아니다.

나열된 질문 리스트를 하나씩 확인하는 행위는 경청도 아니고 대화 중 생겨난 자연스러운 질문도 아니다.

고객은 이러한 행위를 통해 '심문'을 경험하게 된다.

또한 질문 리스트가 있다 하더라도 그 대답에 담긴 정보를 어떻게 받아들이고 어떻게 파고들어 회사의 제안에 어떻게 결부시켜야 할까. 질문과 이러한 행위를 동시에 진행할 수 없다면 제아무리 뛰어난 질문 리스트도 무용지물이다.

나는 생성형 AI의 활용은 영업 담당자의 교육과 교양을 가르치는 일을 대체할 수 없다는 사실을 강조한다.

생성형 AI만으로 무장한 채 영업 미팅에 임하는 일은 RPG 게임으로 빗대자면 낮은 레벨의 용사가 '영웅의 검', '영웅의 갑옷'과 같은 최강 무기를 장비하고 최종 보스에게 도전하는 것과 같다.

하지만 본인의 기본 능력치를 뛰어넘는 무기는 사용할 수 없다는 사실을 모르는 사람은 없다.

그렇다면 생성형 AI는 영업 활동의 무엇을 풍부하게(편리하게) 해주는가. [그림 2-5]를 확인해 보자.

셀레브릭스 영업 종합 연구소에서는 영업력을 "영업 기술 × (주제 응용력 + 서비스 응용력)"으로 보았다.

영업 능력은 다음과 같이 분류할 수 있는데, 먼저 영업 직종(어카운트 영업, 루트 영업, 영업 퍼널별 전략 중 인사이드 세일즈/영업 퍼널별 전략 중 필드 세일즈)과 소속 업종에 크게 영향을 받지 않는 사고 능력(논리적 사고와 가설 사고 등)이 있다.

다음으로 커뮤니케이션과 관련된 대인 능력(질문력, 공감력, 교섭력 등)이 있다.

마지막으로 직종이나 산업별로 요구되는 전문 능력(목록 작성 능력, IR 독해 능력, 3C 분석 등)이 있다(영업 능력 분류는 셀레브릭스 영업 종합 연구소「직종별 영업 기량 조사 보고서 Vol.1」을 참고하였다).

그림 2-5 AI는 영업 활동의 무엇을 풍부하게 해주는가? 영업력 편

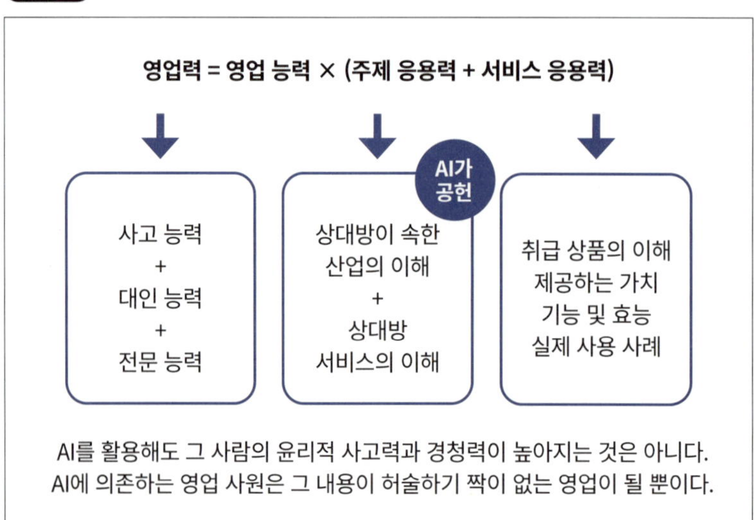

여기서 '서비스 응용력'이란, 영업 사원 자신이 취급하는 상품에 대한 이해, 경쟁 상품과의 차별성, 제공하는 실질적인 가치, 상품을 선택하는 이유, 실제 사용 사례와 성공적인 활용 사례에 대한 이해와 함께 이를 활용하고 응용하는 능력을 말한다.

또한 '주제 응용력'이란 특정 주제에 대한 기본 지식을 말한다. 주로 목표 고객과 고객이 속한 산업, 고객 비즈니스와 같은 특정 주제에 대한 이해다. 한 마디로 고객 이해라고 볼 수 있다. 주제 응용력은 생성형 AI의 특성과 기능을 최대한 활용한다는 점에서 '영업력'의 세 가지 요소 중 가장 큰 영향을 끼친다.

생성형 AI를 활용하면 사람이 하지 않아도 되는 업무를 대신 처리하여 효율성을 높이는 장점 외에도 상대방이 속한 업계에 대한 이해, 비즈니스 모델 파악, 고객 입장에서 '있을 법한 정보'나 전문 용어 숙지 등 고객의 구매를 향상시키는 데 필요한 사전 정보를 얻을 때 효과적이다.

따라서 영업 담당자는 주제 응용력을 높이려면 생성형 AI를 활용해야 한다는 사실을 염두에 두도록 하자.

5. 선택한 답변에 대한 책임은 사용자에게 있다.

마지막으로 AI 퍼포머가 생성형 AI를 활용해 영업 프로세스를 만들 때는 AI의 대답을 선택함으로써 발생하는 책임은 사용자에게 있다는 사실을 유의하여야 한다.

이는 '생성형 AI는 제시한 답변에 책임을 지지 않는다'라고 바꿔 말할 수 있다.

앞으로 생성형 AI가 보급된 미래에는 사람의 역할은 스스로 판단할 각오를 하고, 그 판단에 책임을 지는 것일 수도 있다.

그러기 위해서는 앞서 이야기한 AI의 대답을 의심하는 자세나 미의식, 윤리관을 가지고 의사 결정하는 등의 방식이 더욱 중요해질 것이다.

물론 생성형 AI를 접하기 이전에도 선택의 책임은 자신에게 있었다.

심지어 기획서 제목 하나를 생각할 때도 과거 자료를 찾거나 인터넷 검색을 하고, 주변 사람들과 상의하여 여러 단어를 조합하거나 수집한 후보 중에서 골랐을 것이다.

내가 했던 작은 선택들이 쌓이고 쌓여 최종적으로 수주 성공, 실패 또는 중장기적인 검토라는 결과로 이어지는 것이다.

하지만 생성형 AI가 등장하면서 이전과는 비교도 안 될 만큼 쉽게 여러 선택지나 후보안을 뽑아낼 수 있게 되었다.

AI 주도형AI Driven 인텔리전트 세일즈란 AI에 영업 활동 데이터를 입력해 실제 영업 현장에서 필요한 정보나 콘텐츠를 생성형 AI로 생성하여, 영업 사원이 그 행동과 방법을 판단하고 결정하는 방식의 영업 활동을 의미한다.

거듭 강조하지만, 영업 사원이나 영업 담당자 스스로가 의사 결정

을 내린다. 'AI가 제시한 결과이니 나는 상관없다'는 식의 책임 전가
는 통하지 않는다.

여기까지가 생성형 AI를 다룰 때의 마음가짐mindset에 관한 설명이
었다.

다음 장부터는 영업 프로세스에 생성형 AI를 접목시킨 지능적인
영업 프로세스의 작성법에 대해 다뤄보기로 한다.

3장

지능적인 '영업 프로세스' 디자인

오늘날 디지털 전환DX(Digital Transformation)이나 디지털 시프트 Digital shift의 일부가 세상에 모습을 드러내면서 영업 활동은 드디어 혁명의 새벽을 맞이하였다.

그럼에도 다른 직업이나 직종에 비하면 영업은 진화와 변화가 일어나기 어려운 영역이다.

예를 들어 과거에는 영업이라고 하면 '방문'하는 것이 당연하게 여겨지거나, 자료는 인쇄하여 전달하는 것이 기본적인 예의라고 생각했다. 또 법인 영업에서는 MS Office를 활용해 PPT 파일로 제안서를 만드는 방식이 일반적이었다. 실제로 PPT 파일로 제안서를 작성하는 일에 의문을 품는 사람은 그리 많지 않았다. 습관에 기반한 '당연함' 때문이다.

영업은 '상사나 선배의 어깨 너머로 배우며 크는 것'이라는 환상을 품고 있기도 하고, 또 과학적으로 연구되지 않았기 때문에 혁신이 일어나지 않았을 가능성도 부정할 수 없다.

일본의 경우, 영업은 '신규 졸업자가 취업하는 종합직'*이라는 인식 때문에 그 발전이 늦어졌을 수 있다. 지금도 일본에서는 영업을 '수업의 장'으로 취급하고 있어, 종합직으로 입사한 신입 사원은 일

* 일본의 채용 제도에 있는 직군으로 영업, 기획, 인사 등 다양한 부서에서 순환 근무를 하며 경력을 쌓는다. 장기적으로 관리직 혹은 경영진으로 승진하는 것을 목표로 삼는다. ― 옮긴이 주

단 영업부터 경험하라는 이야기를 자주 듣게 된다.

영업을 시작으로 경력을 쌓는다면 배울 점이 무척 많다. 따라서 영업하면서 배우는 여러 가지 공통 역량portable skills의 중요성을 부정할 생각은 없지만, 이는 슬프게도 영업직이 '전문적인 기술이 필요한 기술직'으로 인식되지 않는다는 사실을 증명한 셈이기도 하다.

그 경향은 급여에서도 현저하게 드러난다. 일본 영업직의 월급은 미국 같은 선진국보다 적은 편에 속하며 일본 내에서도 국내 기업과 외국계 기업의 연봉은 꽤 차이가 난다.

그렇다면 연봉을 올리면 해결되는 단순한 문제라 생각할 수 있지만, 그렇지 않다. 연봉이 올랐음에도 그 영업 사원이 더 좋은 성과를 내지 못하면, 회사 입장에서 볼 때 영업 이익률은 오히려 줄어들 수 있다.

영업 담당자 입장에서도 연봉을 많이 받는 것은 좋은 일이다. 하지만 너무 기대치가 올라가고 목표나 요구 사항도 많아져서 불안해하거나 목표를 달성하기 어려워지면 오히려 '원치 않은 대우'에 불과하다.

이러한 문제를 해결하는 '열쇠'는 영업직의 생산성을 높이는 것이다.

영업 생산성을 높인다는 것은 매출Top line 향상, 비용(돈, 시간, 노력) 절감, 이익 보존(리스크 감소 및 제어) 중 하나에 영향을 주는 것을 의미한다.

생성형 AI를 활용한 영업 프로세스의 재구축Re-engineering은 이러한 영업 생산성을 끌어올리기 위한 잠재력을 가지고 있다.

지능적인
'영업 프로세스' 디자인

생성형 AI를 결합한 프로세스가 영업 생산성을 개선한다

지금부터는 생성형 AI뿐 아니라 그 범위를 확대하여 '생성형 AI 사용을 포함한 디지털 테크놀로지의 활용'과 영업 생산성 향상에 대해 알아보고자 한다.

영업 생산성을 높이려면 다음 중 하나를 실현해야 한다.

◆ 매출(Top line) 향상

◆ 비용(돈, 시간, 노력) 절감

◆ 이익 보존(리스크 감소 및 제어)

일본은 영업 생산성이 낮다는 의견이 있지만, 실제 경영이나 업무에 직접적인 영향을 미치고 있을까? 아마 스스로의 문제로 인식하고 들여다보기란 좀처럼 어려울 것이다.

기업이 목표를 실현하고, 부서가 목표를 달성하고, 개인이 목표를 이루려면 넘어야 할 과제가 많다. 그래서 영업하는 입장에서 사회 문제까지 신경 쓸 시간이 없는 것이다.

하지만 이러한 문제들을 더는 외면할 수 없는 시기가 다가오고 있는 듯하다.

다음의 데이터는 내가 소셜 미디어 'X(구 트위터)'에서 실시한 설문 조사다([그림 3-1] 참조).

영업직을 대상으로 '만일 이직한다면 생성형 AI(최신 기술 툴을 포함)를 사용할 수 있거나 배울 수 있는 환경을 희망합니까?'라고 질문했을 때, 72.4퍼센트가 생성형 AI 등 디지털 테크놀로지를 적극적으로 활용하는 기업을 선호한다고 대답했다.

'생성형 AI와 디지털 시프트Digital Shift'에 대응하지 않으면 우수한 인재를 채용하기 어려울 수 있다는 사실을 엿볼 수 있는 대목이다.

관점에 따라서는 앞으로 우수한 직원이 퇴직하거나 다른 회사로 이직하게 되는 이유가 될 수도 있다. 우수한 영업 담당자를 확보하지 못하는 상황은 당연히 매출을 올리는 데 방해 요인이 되고, 이는 곧 채용 비용의 증가로도 이어진다. 또한 우수한 인재의 이탈과 그에 따른 조직 이미지에 대한 영향 등, 이익을 잃어버릴 위험도가 높아질

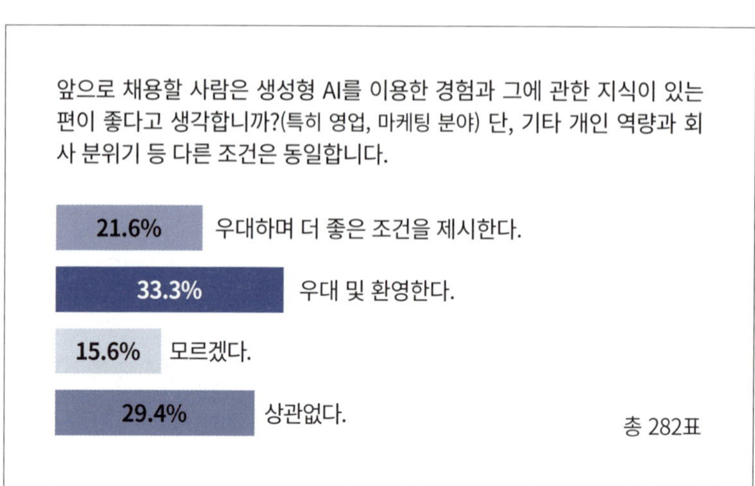

수도 있다. 그러므로 우수한 인재를 채용하고 싶다면 '생성형 AI와 디지털 시프트'에 대응해야 한다.

반면 채용하는 기업도 생성형 AI를 이용한 경험이나 그에 관한 지식이 있는 사람을 우대하거나 환영한다는 비율이 54.9퍼센트로 과반수를 넘었다.

이때 기업은 입사 후 회사에서 자체적으로 배우기를 바라는 것보다 이미 사용 경험이나 지식을 갖춘 사람을 환영한다고 말했다는 점에 주목해야 한다. 생성형 AI를 사용했거나 활용해 보았는지가 시장 가치에 영향을 줄 수도 있다는 뜻이다.

생성형 AI × 영업 모델 = 인텔리전트 세일즈 프로세스

생성형 AI와 디지털 시프트에 제대로 대응하지 않는다면, 가까운 미래에 '영업 생산성 향상을 기대하기 어렵게 되거나', '고객 경험을 개선하는 것을 포기'하는 결과로 이어질 수 있다.

예를 들어보자. 생산형 AI나 디지털 테크놀로지를 활용해 가려운 곳을 긁어준 듯한 영업 방식을 추구할 수 있게 된다면 어떨까. 마치 고객이 곤경에 빠졌을 때 적절한 타이밍에 연락하는 것처럼 말이다. 고객은 '도움이 되는 믿음직한 영업 사원'으로 여기게 될지 모른다.

하지만 좋지 않은 타이밍에 방문하거나 영업하려고 했을 때 '타사의 최신 제품을 샀다'라는 말을 듣게 된다면 영업적인 면에서 그 사람은 다른 회사와의 경쟁에 밀리고 있을 가능성이 높다.

생성형 AI를 활용하여 고객이 '받고 싶어' 하는 영업 활동을 추진할 수 있는지의 여부 또한 영업 성과, 더 나아가 생산성에 영향을 미친다.

이때 필요한 것이 바로 인텔리전트 세일즈 프로세스다.

인텔리전트 세일즈 프로세스는 셀레브릭스가 제안한 새로운 영업 모델로, 생성형 AI와 디지털 테크놀로지를 효과적으로 활용한 지능적인 영업 프로세스를 가리킨다.

과거 방식이라 할 수 있는 감이나 근성을 바탕으로 하는 영업 활동은 근거와 이치가 맞지 않으면 헛수고로 돌아가거나 고객 경험을 무시한 일방적인 '강매'가 되기도 한다.

이러한 전형적인 영업 방식도 생성형 AI와 디지털 툴을 활용하여 일방향적인 영업에서 탈피한다면 '지능적인 영업 프로세스와 고객 경험'을 목표로 할 수 있다.

이 장에서는 이러한 내용을 [그림 3-2]와 같이 정리하며 자세히 설명하기로 한다.

 인텔리전트 세일즈 프로세스

생성형 AI와 디지털 기술을 활용하여 지능적이고 스마트한 영업 활동을 통해 생산성을 높이는 영업 프로세스

	구버전 영업 (감과 근성) ⟶ 인텔리전트 세일즈 프로세스	
① 타겟팅과 리스트업	수기 작성! 시간도 없으니 일단은 예전에 받은 명함 중에서 연락	AI에게 분석시켜 현재 가장 성과를 낼 수 있는 리스트를 선택. 리스트 상세 내용도 꽤 구체적!
② 접점 구축 및 관계 유지	시간도 없고, 전화도 많이 걸어야 하니까, 정해진 매뉴얼대로 전화!	"IR 기재 강화 시책과 관련하여 ○○에 관심이 있을 것 같아 연락드렸습니다." '이 영업은 다르다' 감동을 주는 한 명의 고객을 위한 메시지를 순식간에 생성
③ 미팅 준비	미팅 준비를 할 시간이 없다! 이동하면서 자료 보기. (홈페이지에 있는 내용이라고 혼났다….)	AI가 나 대신 고객을 조사·분석해 준다. 기존보다 1/5 정도의 시간만 투자하면 미팅 준비 완료.

④ 미팅	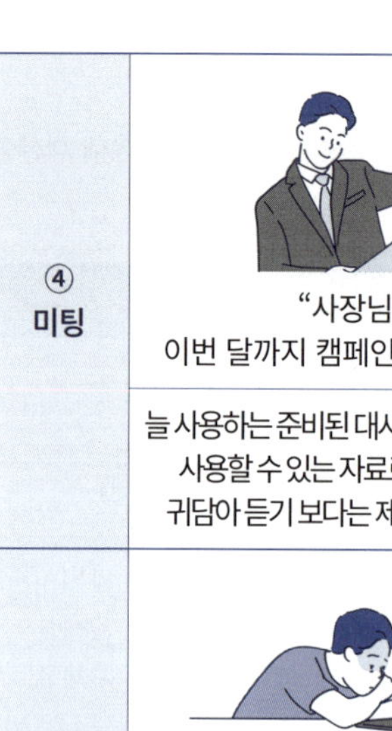 늘 사용하는 준비된 대사와 누구에게나 사용할 수 있는 자료로 미팅하기. 귀담아 듣기 보다는 제품 설명하기.	 각 기업 및 상담자와 개별화된 전략으로 미팅을 해 차별화된 영업이라는 인상을 주자.
⑤ 미팅 후	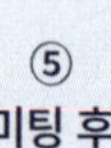  할 일이 산더미라 다른 일들은 뒷전. 미팅 끝나고 처리할 업무도 답장도 뒷전. 제안서 작성할 시간도 없다.	 음성을 글자로 옮겨 회의록을 작성하거나, 자료 요약과 후속 메일도 작성.

※ 위 자료는 셀레브릭스에 저작권이 있습니다.
자료: 셀레브릭스의 고객 개척 방식™ 및 서적 등 참고하여 재인용

'제4세대 영업'이라고 여겨지는 '인텔리전트 세일즈'와 그 프로세스(인텔리전트 세일즈 프로세스)에 대해 함께 알아보도록 하자.

'지능적인 영업 활동'이란

'지능적smart'이라는 단어를 사전이나 인터넷에서 찾아보면 다양한 의미와 뉘앙스가 나온다.

말쑥한 / 세련된 / 군더더기가 없는 / 막힘이 없는

그 외에도 "똑똑한, 영리한, 고성능, 머리 회전이 좋은"과 같은 사양적인 의미도 있다. 따라서 '지능적인 영업'에는 두 가지 의미가 포함되어 있다고 볼 수 있다.

첫 번째는 영업의 외모, 분위기, 질문, 제안 등을 통해 받는 사람(고객)이 영업 사원의 인상이나 커뮤니케이션이 지능적이라고 느끼는 일이다. 즉 영업 미팅을 통해 영업 사원에게서 지성과 세련됨을 느낀다는 뜻이다.

두 번째는 영업 활동 및 그 주변 업무와 프로세스에 군더더기가 없고 효율적이며 똑똑하게 일을 하고 있다는 것이다. 이른바 '촌스럽다, 발로 뛴다, 감과 근성' 등 우리가 멀리하려는 전형적인 유형의 영업과는 차별화되었다는 뜻이다.

인텔리전트 세일즈의 뜻

앞서 이야기한 바와 같이 '지능적인 영업'은 반드시 세일즈 테크 Sales Tech*와 생성형 AI를 이용한 영업 활동을 의미하지는 않는다. 고객에게 그 영업 활동이 지능적으로 느껴지느냐 아니냐는 영업 사원의 마음가짐이나 영업 미팅에 임하는 자세, 보유 기술과 경험, 심리적 여유가 영향을 주기 때문이다.

하지만 기존의 '감과 근성'에 의존하는 영업 활동은 근거와 이치에 맞지 않으면 헛수고로 돌아가거나 고객 경험을 무시하고 일방적으로 '강매'하기도 한다.

디지털 테크놀로지와 데이터를 활용해 일방향적인 영업에서 벗어난다면 '지능적인 영업 프로세스와 고객 경험'을 향해 나아갈 수 있을 것이다. 이처럼 생성형 AI와 디지털 테크놀로지를 효율적으로 활용한 지능적인 영업 프로세스를 '인텔리전트 세일즈 프로세스'라고 이름 붙였다. 이는 문자 그대로 지성적인 영업 프로세스라는 뜻이다.

예를 들어 제품 영업을 '영업 1.0', 솔루션 영업을 '영업 2.0', 컨설팅 영업을 '영업 3.0'으로 본다면 인텔리전트 세일즈는 차세대 영업으로서 '영업 4.0'이라 규정할 수 있다.

영업 3.0에 해당하는 컨설팅 영업은 영업 사원 스스로가 고객의

---

* 영업 활동에 테크놀로지를 활용해 영업의 최적화 및 효율화를 실현할 수 있는 도구와 방법을 말한다. — 옮긴이 주

과제를 발견 및 특정하고 이상적인 미래로 주도해 가는 방식이다.

영업 3.0의 진화 버전이라 할 수 있는 영업 4.0의 인텔리전트 세일즈는 데이터와 생성형 AI를 포함한 디지털 테크놀로지의 힘을 활용해 컨설팅 영업을 추진한다. 이 인텔리전트 세일즈를 수행하는 영업 프로세스를 가리켜 이 책에서는 인텔리전트 세일즈 프로세스라고 표현한다.

인텔리전트 세일즈 프로세스와 기존 영업 프로세스의 차이

인텔리전트 세일즈 프로세스와 기존의 영업 프로세스 사이에는 앞서 살펴 본 [그림 3-2] 같이 접근 방식의 변화와 업무 방식의 차이가 발생한다.

기존 영업 활동에서는 주로 아날로그 시대의 영업 방식이 구축한 성공 체험을 통해 상식이 만들어졌다. 본질적으로는 예나 지금이나 '고객이 타사 제품을 사지 않고 우리 제품을 사고 싶어 할 이유를 만든다'는 관계성은 크게 다르지 않지만, 커뮤니케이션과 프로세스를 추진하는 방법은 테크놀로지를 활용하여 지능적이고 원만하게 실현할 수 있다.

[그림 3-2]의 각 항목을 하나씩 살펴보도록 하자.

(A) 타겟팅과 리스트업

이 단계는 목표 기업을 특정하고 방문할 곳을 리스트업하는 프로세스다.

기존 영업 조직은 홈페이지 등을 보며 일일이 고객을 검색하거나 전시회 리스트, 세미나 신청자, 인터넷에서 찾은 자료를 통해 모은 잠재 고객Lead에게 접근하는 등 고객 타겟팅의 범위가 넓다.

타깃이 아닌 고객층이나 니즈의 전제가 명확하지 않은 고객군에게 영업하게 되면 가설의 정확도와 호소 메시지의 날카로움이 모두 사라져 모나지 않고 무난하게 영업 활동을 하게 된다.

아무 연고도 없는 신규 고객에게 무작정 영업하는 일은 인사이드 영업이 아닌 전화 영업이라는 말로 포장해도 결국 하는 일은 비슷하다는 뜻이다.

영업 전략에서는 '누구의', '어떠한 상황에 대해(니즈)', '무엇을', '어떻게' 제공하느냐를 정하고 성공 방식을 특정해 가는 일이 제일 중요하다.

셀레브릭스에서는 여기서 말하는 '누구의', '어떠한 상황에 대해'를 정하는 일을 '모객'이라 규정했다. 각 개념이 가지는 경계선이 애매하다면 당연히 고객을 깜짝 놀라게 할 만한 홍보 문구를 내놓을 수 없다.

또한 업종, 지역 등 커다란 속성 카테고리별로 나눈 리스트를 입수했다면 타깃과 일치하지 않는 리스트로 영업할 가능성이 높아진다.

다시 한번 말하지만 '누구의', '어떠한 상황에 대해'를 하나로 묶어 타겟팅하는 것이 중요하다.

그림 3-3

사례 회사에서 받은 리스트만으로는 목표 달성이 어려우므로 스스로 타깃 리스트를 작성한다.

기존 영업 프로세스

☐ 영업 코어 타임에는 전화와 영업 미팅에 집중하고 싶으니 18시 이후와 공휴일에 리스트를 작성한다.

☐ 다른 영업 담당자와 겹치지 않는 업계와 영역을 리스트업한다.

☐ 조금이라도 편하게 리스트를 작성하고 싶으므로 기업 목록이 있는 홈페이지에서 고른다.

☐ 과거에 방문했던 기업을 리스트업해 그 목록을 계속 활용하여 주기적으로 연락한다.

▶ 해설

열정은 느껴지지만 전형적인 3K(감, 경험, 근성)에 의존하는 영업 방식이고 접근 방식 또한 속인적이다. 리스트의 정확도와 신선도가 낮고 니즈나 상황을 고려한 타겟팅도 이루어지지 않았다.

인텔리전트 세일즈 프로세스

1. 스스로(혹은 미팅 담당자)가 미팅 결과를 분석하고, 수주와 주문 취소에 큰 영향을 주는 조건을 내놓는다.

2. 기존 리스트와 과거 리스트로부터 1.을 충족하는 조건을 선택해 생성
   형 AI에게 홍보 문구를 생각하게 한다.
3. 1.의 조건을 바탕으로 신규 리스트를 만들기 위해 생성형 AI에게 근거
   를 선택하게 하거나 찾는 방법을 기르게 하다.
4. 영업 코어 타임에 영업 활동을 하면서 1.~3.을 실행하게 함으로써 고
   객 접촉 시간을 그대로 확보한다.

▶ **해설**

같은 리스트에 있는 타깃이라도 상황에 따라 접근하는 타이밍이나 만나
는 사람이 바뀌게 된다. 이를 생성형 AI의 힘을 빌려 분석하게 한다. 코어
타임에 동시 진행시키고 규범도 준수한다.

같은 기업이라도 부서와 상품마다 처한 입장이 다르다. 입장이 바
뀌면 당연히 어려운 부분이나 니즈도 바뀌게 되고, 같은 부서의 같은
부문장을 만났다 하더라도 반응이 뜨뜻미지근했던 고객도 타이밍과
상황에 따라서는 잠재 고객이 될 수 있다.

영업 활동의 지상명제라고도 할 수 있는 이 타겟팅과 리스트업 작
업 또한 생성형 AI에게 수주와 영업 미팅 기업의 데이터를 분석시키
면 최신 타깃 리스트의 조건을 알려주거나 선택하기 쉬운 환경을 제
안해 준다.

최근에는 리스트 데이터베이스를 제공하는 회사에도 생성형 AI의
기능을 활용해 '지금 방문해야 할 회사'를 추천하는 등 영업을 편리

하게 해주는 기술들이 늘어나고 있다.

하지만 모든 일을 대화형·생성형 AI로 해결할 필요는 없다. 영업 프로세스의 과제에 맞는 기술을 활용하는 것 또한 새로운 방법 중 하나일 것이다.

(B) 접점 구축 및 관계 유지

기존 영업 프로세스나 표준화된 프로세스가 준비되어 있지 않다면 전화나 메일 등 '발신 건수'만 지표로 삼는 경우도 많다. 이처럼 수를 쫓고 양을 최대화하는 일이 결코 나쁘다고 볼 수 없고 오히려 중요한 요소로 여겨야 한다.

그러나 건수, 접촉 횟수처럼 숫자에 사로잡혀 영업의 질이나 고객 경험을 고려하지 않는다면 지능적인 영업 활동이라고 할 수 없다. 장기적인 안목에서 보면 고객 이탈이나 평판 리스크Reputation Risk(기업의 부정적인 인상과 평가의 확산으로 브랜드나 신용 가치가 떨어져 손실을 입는 리스크)를 높일 수도 있고, 영업 담당자의 입장에서 보면 오래 해 온 업무와 환경이 아니면 부정적인 인상을 심어줄 수 있다.

인텔리전트 세일즈 프로세스의 목표는 틀에 박힌 영업에서 벗어나 영업 품질을 높이고 고객 경험을 향상시킬 수 있는 커뮤니케이션을 취하는 일이다. 나아가 이를 생성형 AI와 테크놀로지의 힘을 이용해서 회사 하나하나에 쏟는 노력이나 맞춤형 전략을 짤 시간을 최대한 줄이면서도, 그 양을 그대로 유지하고 질을 높이는 일이야말로 지향해야 할 점이라고 할 수 있다.

다시 말해 영업 생산성의 향상을 꾀해야 한다는 뜻이다.

다만 접촉 횟수만을 추구해 버리면, 고객 리스트 한 건 한 건에 대해 대화나 문장을 개별적으로 작성할 여유가 없어지고 틀에 박힌 영업을 할 수밖에 없는 상황에 빠지게 된다.

여기서는 균형이 핵심이다. 접촉 횟수를 늘릴 수 있다면 성과를 높이기 위한 모집단을 형성할 수 있고, 그 수를 늘리면 고객의 의견과 반응을 수집할 수 있게 되니 양질전화의 법칙을 실현하게 된다. 그러나 행동량을 늘리면 늘릴수록 하나의 회사에 쏟을 수 있는 준비 시간을 빼앗기게 된다.

반대로 지능적으로 영업 활동을 하려면 무작위적인 방문은 그만두고 각 회사에 맞는 전략을 세워 영업 활동에 나서야 한다. 그래야 거절당할지 모른다는 심리적 스트레스를 해소할 수 있고, 또한 영업 사원과 고객 모두가 상호 이익을 기대할 수 있게 된다.

대신 많은 고객에 연락하는 '양적'인 접근 횟수가 주는 혜택은 사라진다.

즉 서로 상충하는 이 두 가지 목표를 조화롭게 이루어내는 접근법이야말로 영업을 혁신하고 생산성을 높이는 중요한 열쇠가 된다.

그러한 점에서 생성형 AI의 활용이 이율배반적인 요소를 풀어 나갈 수 있는 가능성을 보여준다는 점에 주목해야 한다.

예를 들어보자. 생성형 AI를 활용하면 타깃 기업의 홈페이지와 제품 사이트, 또는 관련 업계나 경쟁 회사의 홈페이지까지 열람Browsing 시킬 수 있다.

즉 지금까지 개개인의 전제 지식과 검색 활용 능력과 같이 속인적이고 시간이 많이 들었던 기업 조사와 정보 수집이라는 행위를 생성형 AI에게 대신하게 할 수 있다.

생성형 AI는 그 업계와 시장에서 발생한 과제나 트렌드와 자사 제품의 제공 가격을 합쳐 개별화시킨 키워드와 가설을 도출한다. 이를 통해 틀에 박힌 영업에서 탈피해 '왜 지금', '왜 당신에게', '어떻게 도움이 될지' 각 회사의 맞춤형 대화의 키워드를 생성할 수 있다.

내가 2021년에 출간한 『(원제) Sales Is 科学的に「成果をコントロールする」営業術(Sales Is 과학적으로 '성과를 제어하는' 영업술)』이라는 책에도 나와 있듯이, 100시간 동안 리스트를 작성하는 일은 '투자'지만 1,000시간의 헛된 영업 활동은 '낭비'다. 문제는 영업 활동을 하고 있으면 마치 뭔가 일을 한 듯한 착각이 들기 때문에 상황을 더욱 악화시킨다는 것이다.

아웃바운드 영업에서 타깃 고객과 약속을 잡는다.

기존 영업 프로세스

주식회사 AI 상사의 이마이라고 합니다. (중략)

귀사의 채용 사이트를 보고 도움이 되리라 생각해 연락드립니다. 저희 회사는 AI를 탑재한 영업 트레이닝 시스템을 제공하는 회사로서 영업 사원 평가의 자동화, 영업 역할극에 대한 AI 피드백 등의 e러닝을 제공하고 있습니다.

귀사에서 영업직을 채용 중이신 만큼 저희 회사 제품이 귀사의 영업력 향상에 도움을 드릴 수 있을 것입니다.

한번 편하게 정보를 나눌 시간을 내주시면 감사하겠습니다.

▶ 해설

'왜 지금, 왜 당신에게, 어떻게 도움이 되는가'를 의식한 듯한 문장이지만, 사실은 상대방에 대해 '조금도' 생각하고 있지 않은 자기본위 영업의 전형적인 예시다. 채용 사이트나 영업직 채용 여부는 영업력 향상에 어려움을 겪고 있는지와는 상관이 없고, 만나야 할 이유로서도 적합하지 않다. 또한 '정보를 나눌 시간'이라는 듣기 좋은 말로 포장해도 그것이 만나야 할 이유가 되지 않는다.

인텔리전트 세일즈 프로세스

주식회사 AI 상사의 이마이라고 합니다. (중략)

귀사에서 신제품을 출시하신다고 들었습니다. 정말 축하드립니다. 이 정보를 접하고 귀사의 신규 시장 개척에 저희가 기여할 수 있는 부분이 있을 것 같아 연락드립니다.

바로 '인적 자본 경영Human Capital Management' 관련 서비스입니다.

저희 서비스는 현재 가장 떠오르고 있는 화제를 다루고 있기에, 시장 경쟁이 치열하다는 것을 잘 알고 있습니다. 최근 업계에서 '제품 기능만으로는 차별화가 어렵다'라는 표현이 자주 등장하고 있는데, ○○님께서는 이 부분에 대해 어떻게 생각하시는지 궁금합니다.

그러셨군요. 게다가 인사 관련 정보를 관리하는 서비스 특성상, 한번 도입하면 변경하기 어려운 만큼 고객을 빠르게 확보하는 것이 중요하다고 알고 있습니다. 이 부분에 대해 어떻게 생각하시나요?

감사합니다. 그러시다면 영업에서의 차별화와 빠른 시장 선점이 중요한 목표라 생각되는데, 저희가 이러한 부분에 도움을 드릴 수 있을 것 같습니다. 귀사는 채용에도 적극적이시니 저희는 AI 기반의 영업 인재 조기 육성 지원 서비스를 제공하고 있으니, 한 번 제안드릴 기회를 주실 수 있을까요?

▶ 해설

고객 입장에서, 출시란 극단적으로 표현해 '자식을 세상에 내보내는' 심정과 비슷하다. 출시 이후에 문의한다면 '연락하기는 쉽지만', 반대로 그 내용에 민감하게 반응하기 때문에 커뮤니케이션을 잘못하면 고객은 크게 낙담할 수도 있다. 그러므로 출시된 내용을 보고 제안한다는 피상적인 접근 방식이 아닌, 한층 더 깊게 파고들어 가설을 세우고 만나야 할 합당한 이유를 만들어야 한다. 이번에 사용한 문구들도 생성형 AI와의 대화를 통해 얻은 소재이다.

인텔리전트 세일즈 프로세스

주식회사 AI 상사의 이마이라고 합니다. (중략)

귀사에서 신제품을 출시하신다고 들었습니다. 정말 축하드립니다. **이 정보를 접하고 귀사의 신규 시장 개척에 저희가 기여할 수 있는 부분이 있을 것 같아** 연락드립니다.

바로 '**인적 자본 경영**Human Capital Management' 관련 서비스입니다. 저희 서비스는 현재 가장 떠오르고 있는 화제를 다루고 있기에, 시장 경쟁이 치열하다는 것을 잘 알고 있습니다. 최근 업계에서 '제품 기능만으로는 차□□□ 주 등장하고 있는데, ○○님께서는 이 부□□□□ 궁금합니다.

그러셨군요. **게다가 인사 관련 정보를 관리하는 서비스 특성상, 한번 도입하면 변경하기 어려운 만큼** 고객□□□□ 알고 있습니다. 이 부분에 대해 어떻□□□

감사합니다. **그러시다면 영업에서의 차별화와 빠른 시장 선점이 중요한 목표라 생각되는데, 저희가 이러한 부분에 도움을 드릴 수 있을 것** 같습니다. 귀사는 채용에도 적극적이시니 저희는 AI 기반의 영업 인재 조기 □□□□ 제공하고 있으니, 한 번 제안드릴 기회를 주실 수 있□□□

▶ 해설

고객 입장에서, 출시란 극단적으로 표현해 '자식을 세상에 내보내는' 심정과 비슷하다. 출시 이후에 문의한다면 '연락하기는 쉽지만', 반대로 그 내용에 민감하게 반응하기 때문에 커뮤니케이션을 잘못하면 고객은 크게 낙담할 수도 있다. 그러므로 출시된 내용을 보고 제안한다는 피상적인 접근 방식이 아닌, 한층 더 깊게 파고들어 가설을 세우고 만나야 할 합당한 이유를 만들어야 한다. 이번에 사용한 문구들도 생성형 AI와의 대화를 통해 얻은 소재이다.

(C) 미팅 준비

모든 고객이 자기 회사의 과제를 언어화할 수 있느냐 하면 그렇지도 않다.

그리고 고객 자신의 과제가 반드시 조직 내에서 중요도가 매우 높은 과제라는 법은 없다. 직급이 올라갈수록 실무 책임자가 설정한 목표나 과제는 하나의 수단인 경우가 많아서, 실무 책임자의 과제가 곧 경영진의 과제와 일치하다고 보기는 어렵다(목표는 위에서부터 아래로 그 개념을 세분화하는 성질breakdown이 있으므로 어찌 보면 당연한 말이다).

추가로 설명하자면 고객이 상품이 필요하거나 당장 문제를 해결해야 하는 상태라면 이미 상품을 구입하기 위해 움직였거나 정보를 수집하고 있을 것이다. 만일 그렇지 않다면 가령 문제를 인식했다 하더라도 해결하기 위한 선택지가 적거나 돈을 들여서까지 해결하고 싶지는 않다는 등 우선도가 높지 않다고 생각할 수도 있다.

뭐가 되었든 특히 처음 만나는 고객은 그 당시에는 구매할 생각이 없을 수도 있다. 그러한 고객에게 공무원처럼 틀에 박히고 표층적인 질문을 반복한다면 당장 사려고 하지 않는 이유가 언어화될 뿐 아니라 계약 체결로 가는 문도 닫히고 만다.

이때는 고객에게 '새로운 깨달음'을 제공하고 과제(해결해야 할 것)를 설정하게 하는 프로세스가 필요하다.

참고로 구매자 1,000명을 대상으로 실시한 설문조사에서는 '영업 담당자가 방문했을 때, 영업 담당자로부터 받는 질문이나 대화 속에서 본인의 회사가 지닌 문제나 과제를 깨달은 적이 있습니까?'라는 질문에 대해 〈거의 대부분의 영업 미팅에서 깨달은 적이 있다〉가 12.6퍼센트, 〈가끔 깨달을 때가 있다〉가 79.7퍼센트, 〈전혀 깨달은 적이 없다〉가 7.7퍼센트라는 결과가 나왔다.*

이로써 우수 영업 사원과의 미팅을 통해 문제와 과제가 겉으로 드러난다는 점이 증명되었지만, 〈가끔 깨달을 때가 있다〉가 80퍼센트에 달한다는 점에서 본다면 대부분의 영업 사원은 그런 부분을 고객이 알아차리게 하는 능력이 없다고도 할 수 있다.

그렇다면 이 중 '어떠한 질문과 대화로 알아차렸습니까?(복수 응답 가능)'라는 질문에 대해서는 다음과 같은 결과가 나왔다.

◆ 타사(고객의 동종 업계 경쟁자)의 사례를 들었을 때

……29.9퍼센트(경합 정보)

◆ 자사(고객)의 업계 동향에 관한 이야기를 들었을 때

……28.9퍼센트(시장 정보)

◆ 자사(고객)가 가진 과제와 원인을 깊게 파고들었을 때

……29.0퍼센트(자사 정보)

이는 이른바 3C 분석(Customer, Competitor, Company)에 관한 정보다. 영

---

* 저서 『(원제) お客様から教えてくれた「されたい」営業(고객이 알려준 '받고 싶은' 영업)』에서 인용함.

업 사원이 고객을 중심으로 3C 분석 정보를 가지고 있으면 시장과의 차이, 경쟁사와의 차이, 자사가 추구하는 이상과의 차이가 가시화되어 해결해야 할 과제를 깨닫는 결과로 이어진다.

이 책에는 영업왕이 평소에 실천하고 있거나 지금껏 경험한 일 중에서 1차 정보로 가지고 있는 내용을 담고 있으므로 준비에 많은 시간을 들이지 않아도 가설의 정확도가 높아진다.

그러나 대부분의 영업 담당자는 준비 방법을 모르거나 특정 기업과의 미팅에 대한 가설을 확실하게 세우려고 하다 보니 5시간, 10시간씩 시간을 쓰기도 해 업무 효율이 매우 떨어지는 문제가 발생한다.

만일 본인이 어카운트 영업 담당자고, 관리해야 하는 대상이 10곳뿐이라면 시간을 충분히 투자하여 분석하는 편이 좋다(물론 가능한 한 빨리 분석을 완료하는 편이 좋겠지만 말이다).

다만 불특정 고객 타깃층에 접근하려는 신규 영업에서는 일정한 접촉 횟수도 중요하기 때문에, 영업 미팅에 들이는 준비시간은 짧을수록 좋다.

즉, 인텔리전트 세일즈 프로세스의 지능적인 영업 미팅 준비란 '너무 많은 시간을 들이지 않으면서 질 높은 가설을 준비하는 일'이다.

여기서는 '생성형 AI'가 이러한 3C에 관한 정보를 조사하거나 그 정보로부터 효과적으로 가설을 이끌어낸다는 점이 핵심이다.

영업왕의 조사 시점을 파악해 프롬프트에 넣어주면 극단적인 표현이지만 신입 사원이나 연차가 낮은 사원도 영업왕과 똑같은 관점을 갖고 단기간 내에 영업 미팅을 준비할 수 있게 된다.

사례 월 20건의 신규 영업 미팅을 진행하는 법인 영업 담당자의 미팅 준비 시간 관리법

기존 영업 프로세스

- ☐ 영업 코어 타임은 전화 통화와 영업 미팅에 집중하고 싶으므로 18시 이후와 쉬는 날에 미팅 준비를 한다.
- ☐ 실제로 한 회사 한 회사 꼼꼼하게 확인할 시간이 없고 인터넷 검색만으로는 정보가 부족하므로 회사 홈페이지를 훑어보는 정도다.
- ☐ 상장된 기업은 IR 등을 참고하나, 관련 내용이 대부분 추상적이라 세우는 가설도 추상적이 된다.
- ☐ 개별화된 준비보다는 일단 영업 미팅을 하면서 직접 고객 이야기를 듣고 그때그때 상황에 맞게 대응한다.

▶ 해설

홈페이지 정보만 가볍게 훑어보고 영업 미팅을 하면, 고객에게 새로운 시각을 주는 영업 가설을 세우기에 부족하고, 신규 영업 활동의 성과는 고객의 상황에 따라 결정되기 쉽다. 상황에 따라 그때그때 맞춰 대처하는 영업은 결국 그 영업 사원의 경험과 체험에 의존하게 되므로 속인적 영업이 된다.

인텔레전트 세일즈 프로세스

1. 기본적인 영업 미팅 준비와 고객 중심의 3C 분석, 주제 응용력 영역은 생성형 AI에게 조사시킨다.
2. '틈날 때마다'에 회사 동료 혹은 그 분야에 능통한 지인에게 질문하여 정보를 얻는다.

> 3. 준비의 정확도를 높이기 위해 고객에게 미팅 주제를 공유하거나 사전
>   질의응답을 한다.
> 4. 영업 코어 타임에 영업 활동과 동시에 1.~3. 단계를 진행해 고객 접촉
>   시간을 확보한다.
>
> **▶ 해설**
>
> 고객의 행동이 바뀌려면 새로운 깨달음을 줄 수 있는 가설과 '여기서만
> 하는 이야기'와 같은 정보가 필요하다. 생성형 AI를 활용하여 고객의 시
> 점에서 3C를 분석해 깊게 통찰하고, 또한 빈 시간에는 생생한 정보를 얻
> 는다. 이를 생성형 AI에게 해석하게 하여 가설의 정확도를 더욱 높인다.

(D) 영업 미팅

영업 미팅에서도 생성형 AI를 활용하여 사전 준비를 한다면 각 회사에 맞게 개별화된 대화나 시나리오를 전개할 수 있게 된다.

셀레브릭스에서는 신규 법인 영업을 할 때 고객이 '사지 않을 이유를 없애는' 영업 활동을 추진하는 일이 중요하다고 재차 강조한다.

셀레브릭스가 지금까지 영업을 대행해 왔던 경험과 데이터로 산출해 보면 신규 영업 미팅 시 82퍼센트의 고객이 물건을 사지 않는다는 선택을 한다(신규 법인 영업 및 제안형 제품인 경우, 미팅 안건화 비율이 30퍼센트, 안건화 수주 비율이 60퍼센트인데, 미팅 수주율은 18퍼센트가 된다. 즉 수주를 받지 못할 확률이 82퍼센트라는 뜻이다).

이 전제에 따른다면 모수가 많은 것에 대책을 세우는 편이 유효하

다고 할 수 있다.

그렇다면 영업 미팅 중에 고객이 '사지 않을 이유'를 없앨 수 있는 프로세스는 어떻게 만들어야 할까.

영업 미팅 프로세스를 7단계로 세분화하고([그림 3-6] 참고) 각 단계마다 고객이 사지 않을 이유를 사전에 방지하거나, 만약 불안이나 반론이 나오면 그때그때 수정하면서 영업 미팅을 진행시키면 된다.

또한, '구입하지 않은' 마케팅 주제를 모아 영업 프로세스의 타겟팅과 홍보 문구, 영업 관리 툴을 보완해 가는 일도 중요하다고 생각한다.

이렇게 7가지로 세분화한 영업 프로세스를 '컨설팅 영업 프로세스'라고 부른다.*

이 영업 프로세스에서 인텔리전트 세일즈 프로세서는 생성형 AI를 효율적으로 활용하고 고객이 '사지 않을 이유'를 없애는 영업 프로세스를 구축하는 역할을 한다.

즉 생성형 AI와 디지털 테크놀로지를 활용해 컨설팅 영업을 지능적으로 추진하는 일이 인텔리전트 세일즈의 본질이라고 할 수 있다.

영업 미팅에 들어갈 때의 인사말이나 약속을 잡기 위한 접근법을 예로 들어보자.

---

* 상세한 내용은 저서인 『(원제) Sales Is科学的に「成果をコントロールする」営業術 (Sales Is 과학적으로 '성과를 제어하는' 영업술)』에서 확인할 수 있으니 관심이 있다면 한번 읽어보기를 바란다.

생성형 AI에게 미팅 참가자의 정보를 뽑아오라고 하거나 그 정보를 바탕으로 아이스 브레이킹을 준비시켜보는 건 어떨까.

그림 3-6 컨설팅 영업 프로세스

1	어카운트 플랜	영업 미팅 준비
2	접근	인사와 관계 구축
3	현황 조사	화제 설정
4	주문 관리	요구사항 정리
5	기획 작성	기획 작성
6	PT	제안
7	마무리	결과 확보

 영업 미팅 시작 전의 아이스 브레이킹

기존 영업 프로세스

오늘 시간 내어주셔서 정말 감사드립니다!

세상에, 요즘 날씨가 정말 이상하죠? 겨울치고는 너무 덥네요.

아아. 그렇네요. 

귀사에서는 출근과 재택근무의 비율이 어떻게 되나요?

저희는 출근이 많습니다. 

그렇군요. 그럼 너무 덥거나 추운 것보다는 적당한 날씨가 좋겠네요. 아, 이야기가 삼천포로 빠졌네요. 죄송합니다. 이제 미팅을 시작해 볼까요. 참고로 이제까지 저희 회사에서 영업차 방문한 적이 있을까요……?

▶ **해설**

어떤 사람들은 이러한 잡담을 좋아할 수도 있다. 하지만 아쉽게도 신규 법인 고객을 상대로 하는 영업에서는 어색함을 부드럽게 풀기는커녕 오히려 딱딱한 분위기를 만들어서 커뮤니케이션을 어렵게 만든다. 셀레브릭스 조사 결과, 업무와 상관없는 잡담을 바라는 고객은 29.1퍼센트에 불과했다.

인텔리전트 세일즈 프로세스

오늘 바쁘실 텐데 시간 내어주셔서 감사합니다.

사실은 오늘 사토 님과 만나 뵙기를 굉장히 기대하고 있었습니다.

예. ○○ 미디어에 실린 사토 님의 기사를 읽었는데 인적 자본 경영의 본질적인 개념에 대해 깊이 공감했거든요. 많은 걸 배웠습니다.

생성형 AI에게 확인: 미디어 A를 요약하고 B와 C의 미디어와 비교했을 때 사토 씨가 중시하는 것은 무엇인가?

사실 **귀사뿐만 아니라 다른 회사에 대해서도 여러 가지 알아보았습니다.** 다만 경영 전략과의 결합이라는 점을 다루고 있는 건 귀사뿐이었고, 마침 저희도 그 분야에 대해 다양하게 조사 중이었으므로 무척 유익했습니다.

별말씀을요.
그럼, 일단 오늘 방문한 목적부터 정리해 보도록 할까요?

▶ 해설

신규로 법인 영업을 할 때 전략적인 아이스 브레이킹을 실현하기 위해서는 사업적으로 '공개 정보를 바탕으로 크게 칭찬'하거나 공통 분모를 발견해야 한다. 특히 고객 자신이 추진하고 있는 프로젝트와 발신 정보에 대해서는 민감하게 반응하므로, 고객이 이야기하고자 하는 화제는 아이스 브레이킹의 실마리가 된다.

 비용 대비 효과가 맞지 않다는 의견에 대한 대응 전략

기존 영업 프로세스

이번 제안은 비용 대비 효과가 맞지 않는 것 같네요.

그러시군요, 무슨 말씀인지 이해했습니다. 다만 저희 회사는 현재 확대 판매 중입니다. 이번 달 안으로 계약하신다면 현재 금액의 20퍼센트까지 조정이 가능합니다. 부디 긍정적으로 검토해 주시기 바랍니다.

20%나요? 음, 하지만 영업 연수 강사도 있어서요. 시기상조 같네요.

그러시군요. 꼭 검토해 주시기를 부탁드립니다. 혹시 결과는 언제쯤 확인해 볼 수 있을까요?

▶ **해설**

이 또한 고객의 상황을 완전히 무시한 자기중심적인 영업의 전형이다. 고객이 처음부터 비용이 비싸다고 느꼈는지 혹은 효과가 불만족이거나 부족한지도 알 수 없다. 비용 대비 효과라는 말이 전형적인 거절 문구일 가능성도 있다. 이런 상황에서 가격 조정을 제안하며 영업 미팅을 마무리 짓는 것은 어리석은 전략이다.

인텔리전트 세일즈 프로세스

이번 제안은 비용 대비 효과가 맞지 않는 것 같네요.

그러시군요. 비용 대비 효과라고 말씀하셨는데, 금액과 효과 중 어느 쪽이 더 우려스러우신가요?

맞는 말씀입니다. **다만 앞으로 신입 영업 사원을 대폭 늘리고 신규 영업을 교육하는 관점에서 말씀드리자면, 초기 교육의 강화는 중요한 주제가 아닐까 싶습니다. 지금까지의 강사 교육은 신입 사원을 현장에 즉시 투입할 수 있지만, 이로 인해 시장점유율 확대에 있어 일정 부분 손실이 발생하고 있지는 않은가요?**

> 생성형 AI에게 확인: IR과 공시를 참고해 이 기업이 비용 대비 효과를 걱정하고 있을 경우의 반론을 생각하라.

귀사의 매출 단가와 매출 총이익을 생각하면 10곳의 회사로부터 수주를 받아야 상쇄할 수 있는 금액입니다. 그렇다면 신입 직원들도 최대한 빨리 거래를 성사시킬 수 있도록 시스템을 구축하는 일도 중요하다는 생각이 듭니다.

▶ 해설

대응 전략은 고객의 의견을 부정하는 승부수를 띄워도 고객의 행동을 변화시킬 수 없다. 고객은 단순히 합리적으로만 판단하지 않기 때문이다. 여기서는 고객의 말과 고객이 제공하는 정보를 연결하여 반박하는 일이 중요하다. 또는 3C 분석으로 나타난 차이를 비교하면서 스스로 알아차리도록 유도하는 것이다.

AI에게 특정 인터넷 사이트를 지정한 뒤 아이스 브레이킹에 활용할 수 있는 주요 관심사를 정리해 달라고 한다면 나를 대신해 조사하고 그 내용까지 제안해 준다.

또한 고객 특성과 비즈니스 모델 그리고 업계나 예상 니즈에 대한 가설이 있다면 회사에 대한 설명과 대화 스크립트(대본)를 기업별로 만들어낼 수 있다.

물론 준비한 사례나 경우는 얼마든지 바뀌기 마련이다.

(E) 영업 미팅 후

인텔리전트 세일즈 프로세스에서는 영업 미팅 후의 대응과 후속 지원 또한 지능적으로 추진할 수 있다.

우선 영업 미팅 시 회의록 작성은 매우 효율적인데, 회의록 작성에는 다음의 네 가지 장점이 있다.

◆ 고객에게 요점을 정리해 보내면, 핵심 내용을 잊지 않도록 하거나 이 다음에 무슨 행동을 해야 할지 명확해져서 효율적이다.

◆ 나만의 메모처럼 활용하여 제안서 작성이나 다음 영업 미팅 준비를 할 때 지능적으로 착수할 수 있도록 도와준다.

◆ CRM, SFA 같이 고객 관리 시스템에 필요한 정보가 정리되어 스마트하게 입력할 수 있다.

◆ 일정한 형식으로 작성된 회의록은 생성형 AI의 학습 데이터로 활용

하는 데 유리하다.

그러나 생성형 AI의 사용이 익숙해질 때까지는 회의록 정리와 요약에 시간이 걸린다.

그래서 영업 미팅의 녹음 데이터 등을 문자로 옮겨주는 프로그램이나 서비스를 함께 이용하면 그 대화 기록을 요약하거나 프롬프트로 요약 방법을 지시해 영업 지원 시스템SFA(Sales Force Automation)에 입력하기 위한 항목별 정보를 정리해 준다.

온라인 영업 미팅이 정착된 뒤로는 미팅 내용의 기록과 기획안 작성을 위해 녹음하겠다고 허락을 구하기도 쉬워졌으므로 그 활용도는 더욱 올라갔을 것이다.

또한 그 회의록 내용을 바탕으로 각종 생성형 AI에 지시를 내리면 다음과 같은 것들도 실현할 수 있다.

- ◆ 후속 업무에 관한 메일 작성
- ◆ 사내 관계자에게 공유할 회의록 및 각종 조율 요청 의뢰서 작성
- ◆ 제안서의 기본 서식 및 주요 내용 작성
- ◆ 첫 미팅 때 듣지 못한 정보 파악 및 다음 영업 미팅에서의 확인 사항 리스트업
- ◆ 다음 할 일과 후속 일정 작성(자신의 일정에 등록)
- ◆ 인터넷 사이트 등의 정보와 조합하여 거래 고객의 신용 정보 정리

고객 입장에서도 대화가 원활하게 진행되거나 실시간 커뮤니케이션이 이뤄진다면 편리하고 효율적인 경험이라고 생각할 것이다.

이 중 '회의록 작성' 단계는 영업 담당자의 기본적인 능력을 향상시키는 데에도 도움이 된다.

모르는 단어를 찾아보며 지식을 쌓거나 고객의 말과 상태를 이해하려고 노력한다면, 고객에 대한 이해도가 높아지고 자신만의 표현으로 이야기할 수 있는 사례나 상황도 많아진다.

그리고 회의록 작성은 이해력, 요약 능력, 언어화 능력, 주제 응용력(업계 및 비즈니스의 이해)을 키울 수 있는 기회로 이어질 것이다. 따라서 사람이 처리한다는 이유만으로 비효율적이라고 할 수 없으며, 어떤 목적인지에 따라 달라진다는 사실을 잊지 말아야 한다.

그림 3-9

사례 월 20건의 신규 영업 미팅을 담당하는 영업 사원의 제안서 작성 프로세스

기존 영업 프로세스

☐ 필요한 자료를 작성하는 업무만으로도 이미 과부하에 걸렸다. 이전에 필기했던 내용과 기억을 되짚으며 자료를 작성한다.

☐ 각 기업에 맞춰 자료를 만들지 못하고 안건에 따라서는 과거의 제안서를 거의 그대로 활용해 처리한다.

인텔리전트 세일즈 프로세스

1. 녹음 데이터를 문자로 옮기고 프롬프트로 회의록을 작성한다. 나아가 AI에게 회의록은 물론 기획서 개요까지 만들게 한다.

2. 회의록 내용과 자사 제품의 제공 금액을 조합해 제안서의 마케팅 전
   략과 홍보 문구를 제안하게 한다.

▶ 해설

고객의 행동을 바꾸려면 고객에게 새로운 깨달음을 주어야 한다. 구매를
고려하기 시작한 고객은 '영업을 받고 싶어 하는 고객'으로 변하므로, 빠
른 대응과 관계 형성이 중요해진다. 그리고 상품의 강점이나 경쟁 우위
성은 고객이 지닌 문제와 연결하는 것이 좋다. 이는 생성형 AI로 실현 가
능하다.

사례 **고객이 구매를 고려하는 단계에 맞춰 '사지 않을 이유'를 없애는 방안**

기존 영업 프로세스

☐ 기본적으로 제안한 이후의 일은 고객의 업무 영역이므로 검토 결과를
  기다린다.
☐ 다른 영업 담당자와 겹치지 않게 업계와 영역의 리스트를 작성한다.

인텔리전트 세일즈 프로세스

1. 고객이 구매를 검토하는 단계마다 우려하는 사항이나 진행이 막히는
   이유를 생성형 AI로 분석해 미리 대책을 마련해 둔다.
2. 고객으로부터 품의서 양식을 받아 생성형 AI에게 그 양식에 맞춰 답
   변을 만들게 한 다음 제출한다.

▶ 해설

우수한 영업 사원이 고객 대신 품의서를 쓰듯, 생성형 AI를 활용해 이를

생성형 AI를 목적에 맞게 활용하는 방법

지금까지 영업 프로세스에 맞춰 생성형 AI를 활용하는 장면이나 방법을 설명하고 기존 영업 프로세스와 비교해 달라진 점도 설명하였다.

그러나 영업 프로세스나 영업 미팅 단계마다 생성형 AI를 정해진 규칙에 따라 사용해야 하는 것은 아니다.

목적이나 용도가 무엇인지, 어떤 문제점을 갖고 있는지, 어떤 일을 하고 싶은지 등 '상황'에 맞게 유연하게 사용하기를 바란다.

원래 습관이라는 것은 행동이나 사고방식이 일정한 패턴으로 자리 잡는 데 수십 일에서 수개월 정도 걸린다고 한다.

지금까지 이용하지 않았던 생성형 AI가 '습관'으로 자리 잡으려면 그에 상응하는 기간 내내 계속 사용해야 한다. 익숙해질 때까지는 '불편'하다고 느끼더라도 말이다.

지금까지 살펴본 바와 같이 생성형 AI의 일상적인 보급률이 11퍼센트를 넘지 않는 것 역시 아직 습관적인 행동으로 자리 잡지 못하고, 통상적인 기존 업무 프로세스에 적용하기를 포기했기 때문일 가능성도 부정할 수 없다.

이 책을 읽은 다음에는 부디 생성형 AI를 활용해 영업 활동에서 성과를 내는 선점효과를 얻는 것은 물론 도중에 단념하지 않기를 바란다.

다음의 [그림 3-10]을 보며 생성형 AI를 이용했을 때 혜택을 얻기 쉬운 상황과 주제를 알아보자.

그림 3-10 **생성형 AI를 활용했을 때 효과를 내기 쉬운 상황**

분석	준비	상담	정리
3C 분석 + 2C 분석	웹사이트, PDF 요약	(업계 및 상품) 지식 획득	미팅 및 회의록
PEST 분석	가설 구축, 시나리오 작성	모의 미팅 및 시범	업무 제출 및 관리
SWOT 분석	면담자 분석 및 대책	고민 상담 및 충고	개요 및 목차 작성
간이적인 회귀 분석	자료 작성	아이디어 연습 상대	대응 방안 시뮬레이션

'분석'에 생성형 AI 활용하기

영업 활동에서 '분석'은 전체적인 영업 전략 및 전술을 짜는 것뿐만 아니라, 개인이나 각 회사별 맞춤 전략을 도출하는 데 있어서 매우 중요하다.

분석 없이 내놓은 전략과 전술이 무조건 나쁘다고 말할 수는 없다. 때로는 직관이 중요할 때도 있기 때문이다. 다만, 조사를 거쳐 분석된 데이터를 바탕으로 의사결정을 하는 편이 더 바람직하다는 점은 분명하다.

이미 언급된 내용도 있지만, 분석 단계에 생성형 AI를 활용할 수 있는 아이디어는 다음과 같다.

<영업 조직 차원의 분석>

◆ 수주한 기업의 데이터를 입력해 성과 요인(계약이 무산된 건의 이유)에 가장 크게 영향을 미친 요인을 밝혀낸다.

◆ 영업 활동 데이터를 읽게 해 문제점이나 개선해야 할 과제를 분석한다(조직별 및 개인별).

◆ 영업 활동 데이터를 읽게 해 성과에 차이가 나기 쉬운 프로세스를 분석하게 한다.

◆ 영업 미팅의 녹화 및 녹음 데이터를 읽게 해 문제점과 해결해야 할 과제를 분석시킨다(피드백).

◆ 영업 전략 및 전술의 아이디어를 짜기 위한 3C 분석·PEST 분석·SWOT 분석·5 Forces 분석을 한다.

<영업 담당자 개인 차원의 분석>

◆ 자신의 목표 달성에 대한 영업 프로세스의 문제점과 과제를 추출한다.
◆ 타깃 속성을 분석한다(영업·산업·트렌드·법률 및 경제·지역 등)
◆ 영업 미팅 대상 회사를 기준으로 한 고객 분석(3C 분석·PEST 분석·SWOT 분석·5 Forces 분석)을 한다.

일반적인 분석이나 평가 결과를 원할 경우, 읽기 쉬운 데이터와 조건을 프롬프트에 입력하면 어느 정도 납득할 만한 일정한 결과나 정보를 얻을 수 있다.

그러나 '자사' 또는 '자신'에게 더 적합한 피드백이나 조언을 얻기 위해서는 생성형 AI에게 사전에 학습시킬 데이터나 분석의 기준이 되는 관점을 프롬프트에 명확하게 지정해야 한다는 사실을 주의해야 한다.

가령 영업 담당자 전원의 영업 프로세스 과제를 분석시키고 적절한 피드백을 요구하려면 그 회사가 지닌 영업 프로세스의 기준값이 필요하다.

전화 시도 대비 통화 성공률 15퍼센트, 통화 후 영업 미팅 일정 확정률 15퍼센트, 영업 미팅의 안건화 30퍼센트와 같이 최대한 구체적인 시장 평균 데이터를 알고 있다면 분석 결과가 더 정확해진다.

또한 각 프로세스에서 수치가 좋지 않을 때 그 예상되는 원인 또한 생성형 AI에게 학습시킬 수 있다면 더욱 구체적으로 피드백을 받을 수 있다.

그러한 교사 데이터(학습시키는 정보)와 관점을 [그림 3-11]과 같이 프롬프트로 설정하거나 각종 생성형 AI 서비스의 확장 기능 등을 이용해 데이터 세트로 만드는 식이다.

Anonymous
당신은 영업에 능통한 데이터 애널리스트입니다.
#목적에 따라 #정의를 바탕으로 이 데이터를 분석하세요.
또한 로직 트리를 관점에서 분석하세요.
#목적
영업 미팅 횟수를 최대화하기 위해 철수·영수·민수 각각의 문제점과 과제를 설정할 것.
#정의
전화 : 연결 안 됨/전화 시도만/부재중/접수처 거절/자료 발송(수신)/총 연락 수
연결 안 됨: 전화가 아예 연결되지 않음
전화 시도만: 연결은 되는데 아무도 받지 않음
부재중: 담당자가 자리에 없다는 안내를 받음

#로직 트리
  - 전화 횟수가 적음
   - 일일 전화 목표는 명확함
    - 시간당 전화 목표는 명확함
     - 전화를 거는 시간이 부족하지 않음
      - 코어 타임 중 전화 외의 업무를 하고 있음
       - 소요 시간을 단축함
       - 코어 타임 외 시간에 회의 진행
      - 코어 타임에도 보고 작업과 마감 작업을 실시함

#데이터 세트

연/월	담당	전화	연결 안 됨	전화 시도만	부재중
2020년 3월	철수	2111	19	25	1391
2020년 3월	영수	1615	3	55	951
2020년 3월	민수	2102	25	94	118

'준비'에 생성형 AI 활용하기

영업 활동에서의 '준비'라고 하면, 전화나 문자, 편지, DM처럼 문서를 작성하거나 영업 미팅, 제안같이 고객과의 구체적인 커뮤니케이션을 포함한 영업 활동에서 발생하는 행위들이라서 그 개념을 쉽게 떠올릴 수 있다.

또한 '준비'는 고객과의 커뮤니케이션뿐만 아니라 회의를 위한 준비, 회사 내 협상을 위한 준비 등 다양한 상황에서 등장한다. 어떤 경우든 '준비'가 필요한 상황에는 그럴 만한 이유도 있기 마련이다.

1. 성공 확률을 높인다……준비가 되어 있으면 방해물을 예측해 대처할 수 있다. 선수를 쳐서 미리 해결할 수 있다.
2. 효율성을 높인다……준비 내용에 따라 실제 영업이나 업무 흐름이 원활해진다.
3. 자신감이 생기고 불안감이 줄어든다……바꿔 말하면 불안을 없애거나 긴장을 완화하는 효과가 있다.
4. 학습 및 성장과 연결된다……준비 과정에서 새로운 것을 배우거나 능력을 향상시킬 수 있다.
5. 영향력을 높인다……설득력이 생기고 주변의 도움을 받을 수 있다. 지지해 줄 사람들을 사전에 확보할 수 있다.
6. 유연성을 갖춘다……만반의 준비를 갖춰야 예기치 못한 상황에서 유연하게 대응할 수 있다.

영업은 준비가 시작이자 끝이라고 해도 과언이 아닐 정도로 영업 활동에서의 준비는 매우 중요하다.

인텔리전트 세일즈 프로세스를 실현하기 위해서는 회사 소개, 사례 활용, 질문 내용, 제안이나 홍보를 위한 대화 모두 그 기업(기업의 도입 추진자)에 맞춰 개별화된 커뮤니케이션을 하는 것이 중요하다.

그러한 맞춤형 정보는 '준비' 단계를 통해 얻을 수 있는데, 영업 활동과 관련된 준비는 다음과 같다.

<생성형 AI를 활용하여 영업 담당자가 해야 할 준비의 예시>

1. 미팅할 기업의 '정보', '최신 화제'를 조사해 대화 시나리오를 설정한다.
2. 미팅할 기업이 속한 업계와 비즈니스 모델 정보를 수집한다.
3. 미팅할 기업의 도입 사례를 파악한다.
4. 미팅할 기업의 IR 정보·채용 정보·공시 정보·기사 등 대외 활동 정보를 수집한다.
5. 미팅할 기업의 경쟁사 정보를 수집한다(IR·채용 정보·공시 정보·기사).
6. 미팅할 기업이 속한 업계나 산업 관련 보고서, 논문을 요약해 정보를 수집한다.
7. 1.~6.를 바탕으로 가설을 설정한다.
8. 1.~7.를 거쳐 세운 가설을 기반으로 질문 리스트와 대화 방향을 설정한다.
9. 미팅 담당자의 성향 및 관심사를 파악하거나 채용 인터뷰, 기사 등을 요약해서 정보를 수집한다.
10. 위의 정보를 바탕으로 첫 만남에서 어색한 분위기를 풀기 위한 대화 소재나 멘트를 준비한다.
11. 1.~10.를 거쳐 미팅 자료를 준비 및 제안서를 작성하거나 관련 사례를 준비한다.

1.~10.의 내용 역시 '준비'라는 단계에서 보면 일부에 지나지 않는다. 영업 미팅을 성공적으로 진행시키기 위해 생성형 AI는 여러 준비 단계에 많은 도움을 줄 것이다.

'상담'에 생성형 AI 활용하기

생성형 AI를 효과적으로 활용할 수 있는지 없는지 차이가 가장 크게 드러나는 부분이 바로 '상담'이다.

나는 사업을 추진하는 과정에서 어려운 일이 있으면 바로 생성형 AI에게 질문을 던진다. 이 책을 쓰는 동안에도 생성형 AI에게 얼마나 많은 아이디어를 얻었는지 셀 수도 없을 정도다.

실제로 내가 강연이나 영업 지원을 하면서 생성형 AI를 활용한 '상담' 방법을 소개하면 많은 사람들이 놀라워한다.

일례로 상담할 때는 다음과 같은 방법으로 사용한다(알기 쉽게 프롬프트 등은 사용하지 않은 대화 형식의 사례를 소개한다).

그림 3-12

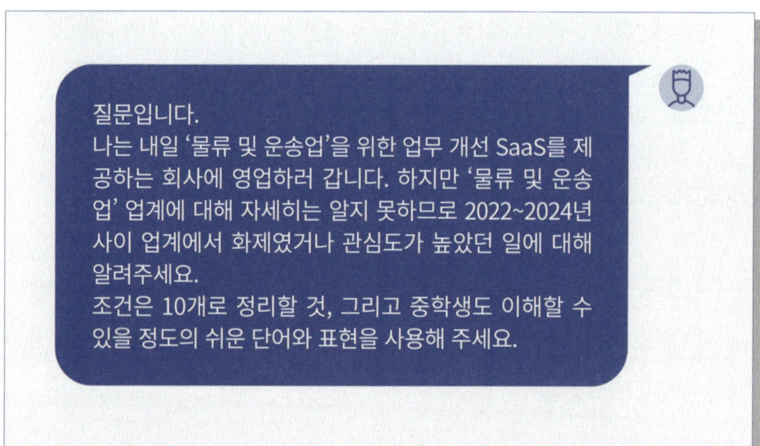

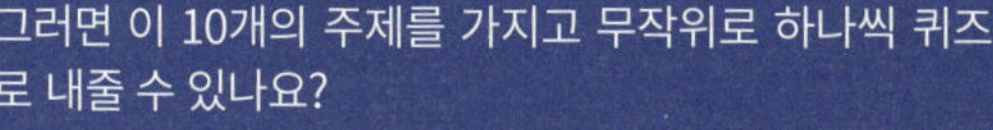

1. '무엇을 모르는지' 스스로 파악하기 위해 상담한다.

상담은 고객의 업계 상황이나 상품에 대해 잘 모를 때 자주 하게 된다.

그리고 퀴즈 형식으로 질문을 받으면, 안다고 생각했지만 실제로 모르는 부분을 찾아내거나, 내가 대답하지 못하는 부분을 집중적으로 배울 수 있어서 추천하는 방법이다.

꼭 영업 미팅 전에 상담할 필요는 없다. 만일 타깃 업체가 정해졌다면 초기 교육 프로그램Onboarding에 도입해도 좋다.

2. 모의 미팅의 상대 역할이나 상담 역할을 요청한다.

이 방법도 꼭 강력하게 추천하는 활용법이다.

이른바 영업 역할극으로, 고객 역할을 생성형 AI에게 맡겨서 모의 미팅을 통해 얻은 조언이나 피드백을 바탕으로 실제 영업 미팅에 대비하는 방법이다.

일반적으로 상사나 선배와 함께 모의 미팅을 진행하지만, 바쁜 사람일수록 시간을 맞추기 어렵고 피드백 내용도 사람마다 다를 수 있다.

그러나 프롬프트를 활용해 피드백 관점 등을 미리 설정한다면 사용하기 매우 편리하다.

아래의 [그림 3-13]처럼 대화하면 반박에 대한 대비와 홍보 내용에서 부족한 점을 확실히 파악할 수 있다.

또한 간단한 고객 역할을 맡기면 자주 하는 질문FAQ에 어떻게 대답할지도 연습할 수 있다. 나아가 [그림 3-14]처럼 영업 사원 역할과 고객 역할을 바꿔서 역할극을 해보는 것도 효과적인 방법이다.

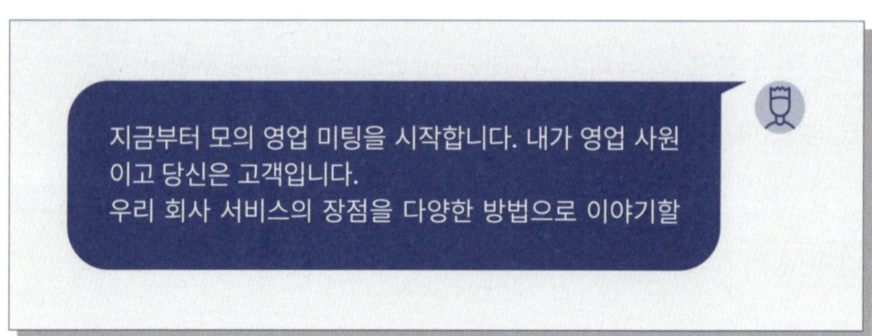

테니 굉장하다고 생각하는 것 외에는 일단 이유를 만들어서 계속 거절하세요. 저는 그 반론을 듣고 어떻게 대처할지 대책을 세우겠습니다.
조건은 다음과 같습니다. (※중략. 내가 파는 상품, 고객의 특징 등을 조건으로 설정한다)
그렇다면 당신의 질문부터 모의 미팅이 시작하겠습니다. 질문하세요.

질문입니다. 저희 회사는 이미 e러닝을 사용하고 있습니다. 어떠한 점에서 새로운 제품으로 교체해야 하는지 알려주시기 바랍니다.

네, 감사합니다. (이하 생략)

그림 3-14

위의 대화 내용과 상품, 고객 특징의 조건은 동일합니다. 그리고 나와 당신의 역할을 서로 교체합니다. 내가 고객이 되어 당신의 제안과 홍보를 계속 거절하겠습니다. 방법과 전달 방식을 바꿔가며 그 반박에 굴하지 않고 계속 대응하기 바랍니다. 나의 반론부터 시작합니다.

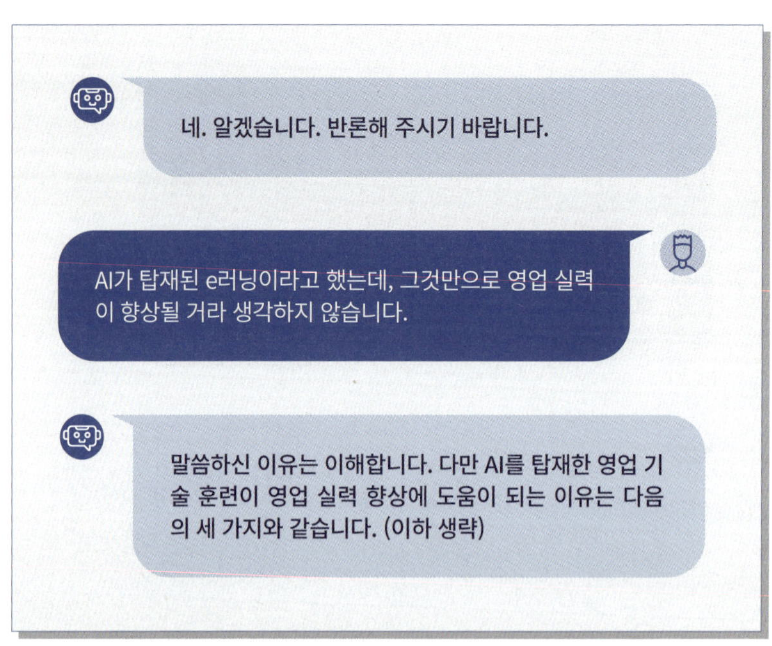

이러한 역할 바꾸기는 고객의 입장을 이해할 수 있고 새로운 가치를 홍보하는 방식을 발견할 수 있다는 장점이 있다.

우리가 생각하는 홍보와 반론 대책에는 아무래도 '판매자의 생각'이 반영되기 마련이다. 이는 고객 입장에서 볼 때 '독선적이고 자기중심적인 제안'이었음을 알 수 있다.

3. 더 많은 아이디어를 얻어 본다.

영업을 하다 보면 다양한 상황에서 제목이나 문장을 생각해야 할 때가 있다. 제목을 만들어야 하는 대표적인 상황으로는 다음과 같은 경우를 꼽을 수 있다.

- ◆ 메일 제목

- ◆ 이벤트(세미나, 웨비나, 교류회, 스터디그룹) 명칭

- ◆ 제안서 제목

- ◆ 판촉 자료의 제목, 주제, 캐치프레이즈

- ◆ 전화, 메일, 편지, 판촉 자료, DM의 캐치프레이즈

문장도 마찬가지다. 위의 제목이 필요한 상황에 맞게 개요나 본문 메시지, 내용을 작성해야 한다. 이를 생성형 AI에게 질문해 대신 생각하게 하거나 문장을 작성하기 위한 키워드를 추출하게 한다.

참고로, 셀레브릭스에서는 매력적이고 효율적인 제안서의 제목을 생각하고자 파워포인트 슬라이드 자료에서 숨김 처리된 곳에 제목 작성용 프롬프트를 만들어 둔다([그림 3-15] 참조).

이를 통해 개인 역량이나 센스에 의존하지 않고 제안서를 작성할 수 있는 구조가 완성된다.

이 방법을 응용하면 제안서 제목뿐 아니라 고객 정보와 데이터를 바탕으로 맞춤형 이벤트 초대장을 작성하거나 관계 유지를 위한 후속 연락 문구를 생각할 수 있게 된다.

이번에 소개한 '상담'의 활용법은 하나의 예시에 지나지 않지만,

이러한 활용 방법을 적용한다면 각각의 상황에 맞춰 다양하게 응용할 수 있는 아이디어를 생각해 낼 수 있을 것이다.

그림 3-15 생성형 AI를 활용한 제안서 작성

Guide 커맨드 프롬프트

아래의 #토픽에 적힌 내용으로 제안서 제목을 생각하고 싶다. 고객이 매력적으로 느낄 법한 문구를 장점이 아닌 혜택 중심으로 작성하길 바란다. 그리고 결과물을 출력할 때는 #조건을 참고한다.

#조건

☐ 30자 이내로 출력하시오.

☐ 다섯 가지 패턴으로 제안하시오.

☐ 되도록 구두점을 사용하시오.

☐ 우리가 판매하는 상품은 영업 대행 서비스다.

슬라이드 속 숨김 처리된 부분에 프롬프트를 미리 적어둔다.

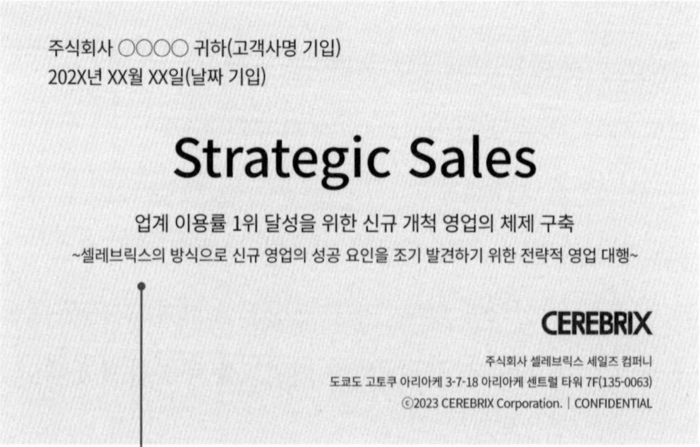

□ 우리 회사의 영업 대행 서비스는 새로운 서비
스가 팔릴 가능성을 높이고, 구인난 속에서 전
문가가 되고자 하는 인재를 모아 빠르게 영업
조직을 구축할 수 있고, 고정비가 아닌 변동비
로 처리할 수 있다는 편익성을 가지고 있다.

'정리'에 생성형 AI 활용하기

여기서부터는 정보를 정리·요약·마무리하는 단계일 때 활용 방법을 소개한다. 이 활용법은 아마 대부분의 사람들이 떠올릴 수 있지만, 매우 다양하게 변형시키면서 이용하고 활용할 수 있다.

전형적인 사례부터 변형 사례까지 몇 가지 아이디어를 소개하고자 한다.

◇ 미팅·회의 내용을 토대로 회의록 작성시키기

이 책에서도 자주 언급한 방법이므로 상세한 설명은 생략하기로 한다. 영업 미팅(회의)의 녹음 데이터를 문자로 옮겨주는 서비스나 앱을 함께 활용한다. 최근에는 문자로 변환하는 무료 앱도 성능이 뛰어난 편이다.

◇ 회의 내용을 항목별로 정리하여 출력시키기

데이터 세트와 조건을 설정하여 회의록 내용을 이상적인 형식으로 출력시킬 수 있다. 이에 따라 CRM과 SFA의 입력 항목에 맞춰 정리시킬 수 있다면 고객 관리 시스템에 데이터를 입력하는 과정의 질이 매우 높아질 것이다. 그리고 이러한 활용법을 개발한 사람은 그 회사에서 영웅이 될 것이다.

◇ 회의록이나 미팅 데이터, 기타 정보를 제공해 다음 업무 파악하기

제공한 정보와 조건을 통해 자신이 취해야 할 다음 행동과 업무를 파악하도록 시킨다.

◇ 계약서 내용을 나만의 표현으로 이해해 받아들이기

고객과 관련 있는 각종 계약서와 문서가 어려운 단어로 적혀있다면 중학생도 이해할 수 있는 단어와 표현으로 고치게 한다.

◇ 번역해서 올바르게 이해하기

영어나 모국어가 아닌 외국어로 된 문장을 번역하여 내용을 올바르게 이해하고 파악한다.

◇ 제안요청서RFP(Request For Proposal)를 대신 작성하기

대기업에서 제안을 요청할 때 여러 기업이 경쟁하는 입찰이라면 보통은 이 제안요청서에 적힌 조건들을 기준으로 제안서를 작성한다. 단, 신규 아웃바운드 영업의 경우는 고객이 구매를 검토하지 않으므로 이때 제안요청서는 제출하지 않는다.

영업 담당자가 질문하고 고객의 말을 경청하며 정보를 알려주고 시사점을 제시하면 고객이 인정한 과제를 정리하고 고객 대신 제안요청서를 가다듬는 역할을 수행한다.

이것이 고객, 즉 도입 추진자가 사내에서 홍보할 때 활용하는 킬러 콘텐츠killer contents가 된다.

생성형 AI를 활용하는 여러 상황에 대한 설명은 여기서 마무리하기로 한다.

4장

생성형 AI로부터 '원하는 대답'을 이끌어내기 위한 포인트

생성형 AI에게 질문했다가 원하는 대답을 얻지 못해 스스로 생각하는 편이 빠르다고 느껴 창을 닫아버린 경험이 있지 않은가.

사실 프롬프트(AI에 대한 지시문)를 입수하고 활용해도 대부분은 생성형 AI와 관련된 서비스를 이용할 때 좌절하고 만다.

그 원인으로는 일문일답 형식으로 대화가 끝나버린다는 점, 어떤 추가 질문을 해야 원하는 답을 얻을 수 있는지 떠올리지 못한다는 점을 들 수 있다.

이는 '최초 프롬프트에서 원하는 대답에 도달하기까지'와 같은 일련의 흐름이나 설명을 많이 찾아볼 수 없기 때문일 수도 있다.

생성형 AI의 활용은 단순히 한 번의 대화나 일문일답으로 끝나는 것이 아니다.

AI와는 대화의 '랠리', 즉 말을 계속 주고받는 일이 중요하다.

이 장에서는 14가지 요령에 대해 설명하기로 한다. 원하는 정보를 끌어낼 수 있는 방법, 대화에 응수해 생성형 AI와 머릿속을 동기화하는 방법 등을 파악해 생성형 AI를 활용할 수 있기를 바란다.

생성형 AI로부터 '원하는 대답'을 이끌어내기 위한 포인트

생성형 AI에게서 이상에 가까운 대답을 듣기 위해서는 '요령'이 필요하다

생성형 AI에게도 저마다 특징이 있고 버전에 따라서 정확도 또한 다르지만, 이상적인 대답에 다가가기 위한 접근법이나 방법에는 크게 차이가 없다.

덧붙여 설명하자면 상대방에게 내가 한 말을 제대로 이해시키는 것의 본질은 사람이든 생성형 AI든 크게 다르지 않다고 생각한다.

여기서는 생성형 AI 초심자부터 생성형 AI를 일상적으로 잘 활용하는 상급자까지 알아두면 좋은 기본적인 '핵심요령'을 14가지로 나누어 설명하기로 한다.

하나씩 자세히 살펴보자.

<초심자편>

요령 1. 구체적인 정보와 지시를 입력한다

추상적이지 않은 상세한 대답을 원할 때는 생성형 AI에게 구체적인 정보와 지시를 넣는다. 그러나 한 줄 정도로 간단하게 질문한다면 아무래도 표층적이고 두리뭉실한 대답이 돌아오는 경우가 많다.

다시 말해 생성형 AI에게 내리는 지시가 자세할수록 구체적인 대답을 얻을 가능성이 높아진다. 구체적인 지시는 다음의 예시를 통해 확인해 보자.

프롬프트 예시 ①: 대답의 양을 요구하기

☐ ○○에 대해서 '간단하게 설명하시오/자세히 설명하시오.'

☐ 영업 미팅의 핵심 요령을 항목별로 다섯 개 제시하시오([그림 4-1] 참조).

☐ SDR과 BDR의 차이에 대해 200자 내외로 서술하시오.

프롬프트 예시 ②: 순서와 단계를 알려달라고 요구하기

☐ 업계 분석 방법에 대해 다섯 단계로 나누어 설명하시오.

☐ 자료 작성의 순서를 설명하시오.

프롬프트 예시 ③: 구체적으로 전달하기

☐ 중학생도 이해할 수 있도록 설명하시오.

☐ 그 업계에 대해 모르는 사람도 알 수 있도록 설명하시오.

질문할 때는 간단명료하게 하는 것이 중요하다. 한 번에 너무 많은 질문을 하면 대답의 정확도가 떨어질 가능성이 높다.

또한 프롬프트에 사용한 용어(IT와 마케팅 용어 등)의 뜻을 사실 잘못 알고 있거나 회사 내부에서만 사용하는 일반적이지 않은 용어일 수 있다. 이러한 경우라면 AI가 이해하기 어려운 지시를 내리는 경우도 있다. 그럴 때는 먼저 검색해서 정확한 의미나 맞춤법을 지켰는지 확인하도록 하자.

그림 4-1

You

상담의 핵심요령을 항목별로 다섯 개 제시하세요.

생성형 AI

물론입니다. 다음은 영업 미팅 시 도움되는 요령의 예시입니다.

1. 정보 수집과 분석

☐ 미팅 대상과 상대 기업에 대해 미리 조사해 상대방의 니즈와 요구 사항을 파악한다.

☐ 상대방의 비즈니스 모델과 업계 동향을 이해하여 구체적인 과제와 기회를 찾아낸다.

2. 상대방의 니즈 이해

☐ 상대의 말을 주의 깊게 듣고 상대방의 입장과 관점을 이해한다.

☐ 상대방의 과제와 니즈에 초점을 맞춰 해결 대안을 제시한다.

3. Win-Win 제안

☐ 제안하는 내용을 명확하고 구체적으로 설명하고, 상대방에게 이익이 될 만한 제안인지 생각한다.

☐ 양쪽 모두에게 이익이 되는 Win-Win 관계 구축을 목표로 한다.

4. 커뮤니케이션 스킬

☐ 상대방의 피드백에 주의를 기울이고 질문을 통해 심도 있는 대화를 이어간다.

☐ 자신의 의견과 제안을 명확하고 자신 있게 전달하는 기술을 익힌다.

5. 유연성과 조정

☐ 미팅 중에 상황이 바뀔 가능성이 있으므로 유연성을 가지고 대응한다.

☐ 상대방의 반응이나 요청에 맞춰 전략과 제안을 조정하는 일이 중요하다.

요령 2. 어떤 형식의 결과물이 필요한지 명확하게 정한다

생성형 AI에게 특정 업무를 요청할 때 어떤 형식으로 정보를 받고 싶은지를 명확하게 정하자. 이때 생성형 AI에게 대답 형식을 지정해 두면 편하므로 상황에 맞게 적절한 출력 형식을 지정해 보도록 하자.

원하는 결과물 형식 예시

□ 항목별 분류	□ 서술형 문장	□ 표 형식	□ Q&A 형식
□ 대화 형식	□ 요약 형식	□ 스크립트	□ 체크리스트
□ 순서도 및 개념도	□ 항목비교표	□ 타임라인	□ 메일·편지
□ 줄거리 형식	□ 리뷰	□ 평가	

시험 삼아 '인사이드 세일즈와 필드 세일즈 간의 업무 차이를 표 형식으로 설명하시오'라고 지시해 보자. 다음과 같은 대답을 얻을 수 있다.

그림 4-2

🤖 생성형 AI

다음은 인사이드 세일즈와 필드 세일즈 간의 업무 차이를 표 형식으로 설명한 것입니다.

항목	인사이드 세일즈	필드 세일즈
고객 방문	주로 전화와 온라인 채팅으로 거래를 진행	고객과 클라이언트의 사무실, 또는 현장을 방문
고객 접촉	주로 원격 커뮤니케이션이나 디지털 커뮤니케이션을 사용	직접 고객과 대면하여 대화하며 관계를 구축
영업 지역	주로 사무실 안에서 작업하고, 원격 영업이 주류	고객을 직접 방문해 미팅과 PT 실시
커뮤니케이션 수단	전화, 메일, 온라인 미팅 등	면대면 대화와 미팅, 전화와 메일 사용
신규 고객 확보	인터넷과 소셜 미디어를 활용한 조사	네트워킹과 이벤트를 통한 신규 고객 개척
담당 거래 규모	소규모 거래와 재거래가 대다수	대규모이고 복잡한 거래와 기업과의 전략적인 제휴가 대다수
효율 중시	효율적인 프로세스와 테크놀로지를 활용해 동시에 수많은 고객을 대응	고객과의 깊은 관계 구축, 신뢰 구축을 중시
기술 역량	테크놀로지, 디지털 도구를 다루는 스킬 필요	면대면 대화와 관계 구축 스킬이 뛰어남

이 표는 일반적인 경향을 기반으로 하며, 기업과 업계에 따라서는 인사이드 세일즈와 필드 세일즈의 역할이 섞이는 경우도 있습니다.

요령 3. '주어'를 자세하게 규정한다

생성형 AI에게 영업 관련 질문을 할 때, "영업의……"라고 입력하면 대개 B2C 영업으로 해석하고 답변하는 경우가 많다. B2B와 B2C는 타겟 고객의 행동 패턴이나 영업 방식 등이 크게 다르므로 만일 B2B 영업에 관한 답변을 원한다면 프롬프트에 "B2B 영업의……"라고 분명히 명시하도록 하자.

다음은 '영업'이라 입력했을 때와 'B2B 영업'이라고 입력했을 때의 답변이다.

프롬프트 예시 ①: '영업'이라고만 입력했을 때([그림 4-3] 참고)

☐ 영업할 때 중요한 점을 설명하시오.

프롬프트 예시 ②: 'B2B 영업'으로 입력했을 때([그림 4-4] 참고)

☐ B2B 영업을 할 때 중요한 점을 설명하시오.

그림 4-3 '영업'이라고 입력했을 때

🏛️ 생성형 AI

영업을 성공시키기 위해서는 몇 가지 중요한 요소가 있습니다. 아래의 내용은 효과적인 영업 활동을 위한 일반적인 조언입니다. 구체적인 업종과 제품에 따라 다를 수도 있으니 참고하시기 바랍니다.

1. 고객 이해와 니즈 이해

- ☐ 고객의 비즈니스와 과제를 이해해야 한다.
- ☐ 고객의 니즈와 기대에 부응하는 해결책을 제공해야 한다.

2. 신뢰 형성

신뢰 관계 형성은 매우 중요하다. 앞으로 신뢰를 주는 영업 스타일을 세우도록 한다.

3. 지속적인 커뮤니케이션

고객과의 정기적인 커뮤니케이션을 통해 니즈의 변화를 파악하고 새로운 기회를 잡아야 한다.

4. 소비자 분석

경쟁사 동향과 제품 정보를 객관적으로 분석해 자사의 강점을 살리는 전략을 세운다.

5. 가치 제안의 명확화

제품과 서비스의 독자적인 가치를 분명하게 전달하고 고객이 얻을 수 있는 장점을 강조한다.

6. 효과적인 PT

제품과 서비스를 이해하기 쉽게 설명하고 고객이 자사를 선택할 수 있도록 설득하는 발표를 한다.

 'B2B 영업'으로 입력했을 때

👤 You

B2B 영업을 할 때 중요한 점을 설명하세요.

🤖 생성형 AI

B2B 영업은 기업 간의 거래를 대상으로 하는 영업 활동입니다. 성공하기 위해서는 몇 가지 중요 요소에 주의하여야 합니다. 다음은 B2B 영업을 할 때의 중요 요소입니다.

1. 고객 이해와 니즈 파악

고객의 비즈니스와 산업에 대해 깊이 이해하고 그 안에서 과제와 니즈를 파악하는 일이 중요하다. 고객 입장에서 접근하면 제안이 더욱 쉽게 받아들여질 수 있게 된다.

2. 신뢰 형성

장기적인 파트너십을 구축하기 위해서는 무엇보다 신뢰를 쌓는 것이 중요하다. 성실함, 신뢰성, 약속 잘 지키기 등 신뢰를 쌓는 데 필요한 요소를 중요하게 생각한다.

3. 문제 해결 제안

고객이 갖는 특정 어려움이나 문제점에 대해 효과적이면서 독창적인 해결책을 제안하는 일이 중요하다. 상품과 서비스의 장점을 구체적으로 제시하고 고객의 문제를 해결하는 데 기여할 수 있음을 제안한다.

4. 경쟁사 분석

경쟁사의 동향과 제공하는 제품, 서비스에 대해 이해해야 한다. 경쟁사와의 차별화 포인트를 강조해 자사의 강점을 어필하면 경쟁력을 높일 수 있다.

5. 적절한 정보 공유

팀 내 정보 공유가 원활해야 한다. 영업 활동과 고객의 니즈에 관한 정보를 적절한 사람들과 공유하고 협력해 거래를 진행한다.

6. 고객 지원과 A/S

거래 성립 후에도 고객 지원과 A/S를 제공하는 일이 중요하다. 고객이 안심하고 거래할 수 있도록 지원하면 재거래의 기회가 확산된다.

7. 데이터 분석과 개선

영업 활동의 데이터를 분석하고 성과를 평가해 개선점을 발견하는 일이 중요하다. 데이터 구동형 접근법을 도입해 전략을 최적화하도록 한다.

이러한 요소를 주의하면 효과적이고 지속 가능한 B2B 영업 활동을 할 수 있습니다.

요령 4. 질문하려는 명확한 목적과 목표를 글로 표현해 본다

생성형 AI에게 질문할 때 질문의 목적이나 목표를 설정하였는가? 그리고 이를 제대로 된 단어로 설명하고 있는가?

그 질문으로 무엇을 알고 싶고 어떤 결과를 얻고 싶은지를 잘 모른다면 생성형 AI도 좋은 답변을 제시할 수 없다.

질문의 의도와 목적을 스스로에게 물어보면서 생성형 AI에게 질문을 던진다면, 항상 목적의식을 의식하는 좋은 습관으로 이어진다. 그리고 목적만 분명히 전달된다면 내가 생각지 못했던 방법이나 새로운 발상으로 이끌어주기도 한다.

아래의 내용을 확인해 보도록 하자. 프롬프트에 'B2B 영업 팀이 새로운 클라이언트를 효과적으로 개척할 수 있는 방법을 알려주시오'라는 질문 사항은 그대로 두고 '목적'을 입력할 때와 입력하지 않았을 때의 차이를 직접 확인해 보자.

프롬프트 예시:

□ B2B 영업 팀이 새로운 클라이언트를 효과적으로 개척할 수 있는 방법을 알려주세요.

① [그림 4-5]

요구사항: B2B 영업에 관한 조언을 제공하세요.

방지 조건: 구체적인 사례는 생략하고 10개 항목을 제공할 것.

② [그림 4-6]

목적: B2B 영업 팀이 새로운 클라이언트를 효과적으로 개척하기 위한 전략을 제공한다.

요구사항: 최신 시장 동향을 분석하여 타깃 고객의 특정, 접근 방법, 관계 구축의 전략을 제안하세요.

논의 조건: 명확하고 실천적인 조언을 10개 항목으로 제공할 것. 업계 용어를 피하고 간결하게 정리할 것.

그림 4-5 **목적을 명확하게 전달하지 않은 경우**

> ### 👤 You
>
> B2B 영업 팀이 새로운 클라이언트를 효과적으로 개척할 수 있는 방법을 설명하세요.
>
> 요구사항: B2B 영업에 관한 조언을 제공할 것.
>
> 방지 조건: 구체적인 사례를 생략해 10개 항목을 제공할 것.
>
> ### 🤖 생성형 AI
>
> B2B 영업 팀이 새로운 클라이언트를 효과적으로 개척하기 위한 조언을 다음과 같이 제시합니다.
>
> **1. 타깃 시장의 냉정한 조사**
>
> 예 업계 트렌드, 매출 경쟁 및 클라이언트의 니즈를 파악한다.
>
> **2. 개별화된 접근**
>
> 예 클라이언트의 업계와 특정 과제에 초점을 두고 맞춤형 제안을 제시한다.
>
> **3. 구동 데이터 접근**
>
> 예 데이터를 분석하여 지각적 경계를 보이는 고객을 파악하고 이들에게 집중적으로 접근한다.

4. 소셜 미디어 활용

- **예** Linkedin이나 X(구 Twitter) 등의 플랫폼을 활용해 클라이언트와의 연결고리를 유지하고 신뢰를 형성한다.

5. 클라이언트의 과제 해결에 대한 초점

- **예** 클라이언트가 놀랄 만한 구체적인 과제에 초점을 맞추어 제품과 서비스가 그 과제를 어떻게 해결할 수 있는지를 강조한다.

6. 추천 프로그램 만들기

- **예** 기존 클라이언트가 자사 제품이나 서비스를 다른 사람에게 소개하도록 장려하는 시스템을 만들고, 이러한 추천을 통해 새로운 클라이언트를 확보한다.

7. 네트워킹 이벤트 참가

- **예** 관련 이벤트와 세미나에 적극적으로 참가해 다른 기업과의 네트워킹 기회를 모색한다.

8. 교육적 콘텐츠 제공

- **예** 웨비나와 백서, 클라이언트에게 가치 있는 정보를 제공하고 전문 지식을 어필 포인트로 삼는다.

9. 무료 트라이얼이나 데모 제공

- **예** 일정 기간 무료 체험이나 데모를 제공해 클라이언트가 그 제품과 서비스의 가치를 직접 경험할 수 있도록 한다.

10. 장기적인 관계의 구축

- **예** 계약 체결 후에도 지속적인 지원과 개선 제안을 통해 클라이언트와의 장기적인 신뢰 관계를 형성한다.

You

B2B 영업 팀이 새로운 클라이언트를 효과적으로 개척할 수 있는 방법을 설명하세요

목적: B2B 영업 팀이 새로운 클라이언트를 효과적으로 개척하기 위한 전략을 제공함.

요구사항: 최신 시장 동향을 분석하여 타깃 고객 특정, 접근 방법, 관계 형성 전략을 제안할 것.

논의 조건: 명확하고 실천적인 조언을 10개 항목으로 제공할 것. 업계 용어를 피하고 간결하게 정리할 것.

생성형 AI

1. 시장 분석과 니즈 특성

☐ 최신 시장 동향을 나타내고 시장의 성공 사례를 학습한다.

☐ 클라이언트 업계의 특정 과제와 니즈를 파악해 솔루션 제공에 초점을 맞춘다.

2. 타깃 범위의 압축

☐ 타깃이 되는 클라이언트를 명확히 설정하고 특정 분야와 지역에 집중한다.

☐ 다른 성공 사례를 참고하여 비슷한 기업에 접근하면 효과적으로 클라이언트를 확보할 수 있다.

3. 가치 제안의 명확화

☐ 자사 제품과 서비스의 가치를 명확하게 전달하고 고객이 얻을 수 있는 장점을 강조한다.

☐ 문제 해결을 위한 구체적인 선택지를 강조하면 클라이언트의 무관심을 피할 수 있다.

4. 디지털 마케팅 활용

☐ 소셜 미디어와 온라인 광고 등 디지털 채널을 통해 클라이언트에 다가
가기 쉬운 방식을 활용한다.

☐ 타겟팅 광고를 사용해 특정 기업에 접근함으로써 고객 확보 가능성이
높아진다.

5. 교육과 전문 지식의 공유

☐ 클라이언트에 대해 업계 최신 정보나 트렌드에 관한 교육을 제공하여
신뢰를 획득한다.

☐ 전문적인 지식을 공유하면 클라이언트와의 관계를 형성하기 쉬워진다.

6. 네트워킹 이벤트 참여

☐ 업계 관련 이벤트나 네트워킹 이벤트에 적극적으로 참가해 새로운 비즈
니스 기회를 발견한다.

☐ 직접 대면하면 신뢰감이 생겨 클라이언트를 확보하는 데 유리하다.

7. 맞춤형 접근 방식

☐ 각 클라이언트에 집중하여, 클라이언트마다 최적화된 맞춤형 접근 방식
을 채택한다.

☐ 고객의 니즈와 요구 사항에 맞게 조정하여 신뢰감을 구축한다.

8. 신속한 후속 업무

☐ 클라이언트와의 커뮤니케이션에서 신속한 후속 업무가 중요하다.

☐ 클라이언트의 질문과 의견에 성의 있게 대응하며 클라이언트의 입장에
서 생각한다.

9. 실적 강조

☐ 과거의 성공 사례와 클라이언트의 평가를 적극적으로 공유하여 신뢰감

을 높인다.
- ☐ 클라이언트가 과거에 해결한 과제나 얻은 성과를 알게 되면 신규 클라이언트 확보가 쉬워진다.

10. 유연성과 조정
- ☐ 클라이언트의 피드백을 반영하여 유연하게 접근 방식을 조정하며 제안을 최적화한다.
- ☐ 변화하는 시장 상황에 맞춰 전략을 조정하고 항상 최상의 결과를 추구한다.

요령 5. 처음부터 '부족한 정보가 있다면 알려주세요'라고 요청한다

생성형 AI에게 메일 문장 교정이나 주요 업무 선별을 요청할 때 처음부터 '만약 부족한 정보가 있으면 알려주세요'라는 한 문장을 추가하면 부족한 점도 함께 알려준다. 또한, 요령 4의 내용과 더불어 '목적을 달성하는 데 부족한 부분이 있으면 알려주십시오'라고 입력하는 방법도 좋다.

프롬프트 예시:

☐ 지금부터 새로운 시스템을 사내에 정착시키기 위해 해야 할 일을 생각하고자 한다. 어떤 것을 주의해야 할지 조언해 주길 바란다. 목표는 적절한 업무 진행 방식을 실행해 신속하고 정확도 높은 신규

시스템을 회사에 정착시키기 위함이다. 목표를 달성하기 위한 정보가 부족하다면 그에 대해 질문하길 바란다.

요령 6. 생성형 AI의 정보는 '개발국 우선'임을 인지한다

대화형, 생성형 AI 서비스는 별다른 지시기 없으면 '영어권 국가의 정보'를 바탕으로 대답하기도 한다. 따라서 질문할 때는 '○○에 사는 □□입니다'라고 먼저 명확히 밝히길 바란다.

특히 생성형 AI 서비스가 최신 버전이 아니라면 이러한 정보를 함께 제시해야 정확도가 올라간다.

프롬프트 예시:

□ 나는 전자 결제 서비스의 영업을 담당하고 있다. ○○ 지역의 소매업자에게 영업할 때 최소한 알고 있어야 할, 모르면 실례가 될 수 있는 지식을 알고 싶다.

<탈초심자편(초급에서 중급까지)>
요령 7. 하나라도 '좋은 답변'이 있다면 이를 선택해 다시 한번 답변하게 하기

생성형 AI에게 아이디어를 얻을 때는 한 번 질문하고 답변을 받는 것에 그치지 말고, 여러 답변 중에서 괜찮은 아이디어를 발견해 이를 발전시켜 나가는 방법을 추천한다.

프롬프트 예시([그림 4-7] 참고)

☐ 영업 관련 웨비나 이벤트 제목 후보를 10개 추천하시오.

> 📋 생성형 AI가 'a, b, c, d'를 제시했고, 그중 a 답변만 좋을 경우

☐ a가 좋다. a와 비슷한 내용을 더 추천하시오.

이렇게 답변하면 정확도는 더욱 올라갈 것이다.

그림 4-7

👤 You

영업 관련 웨비나 이벤트 제목 후보를 10개 추천하세요.

🤖 생성형 AI

물론입니다.

영업 관련 웨비나 이벤트에 적합한 제목 후보를 다음과 같이 추천합니다.

1. '영업의 비법: 최신 전략과 실천 테크닉'
2. '디지털 시대의 고객 관계 형성 방법'
3. '영업 실적 향상의 길: 효과적인 커뮤니케이션과 전략'
4. 'B2B 영업의 성공 법칙: 사례 연구와 분석'
5. '영업의 심리학: 고객 심리를 이해하기 위한 힌트'
6. '최적의 CRM 툴 활용법: 영업 효율을 높이기 위한 비결'
7. '영업 팀을 강화하는 리더십의 비결'
8. '영업 PT의 비결: 효과적인 PT 테크닉'
9. 'SNS을 활용한 새로운 시대의 영업 전략'
10. '고객 니즈의 파악법: 데이터 구동형 접근'

이러한 제목은 현대 영업 방식이나 전략, 고객 관계 형성, 리더십 등에 관련된 내용을 다루고 있습니다. 웨비나의 목적과 대상자에 따라 이러한 제목을 다양하게 활용할 수 있습니다.

🎙 You

고맙습니다. 8번이 좋네요. 어떤 과정을 거쳐 8번의 제목을 생각해 냈는지 알려주세요.

🤖 생성형 AI

'영업 PT의 비결: 효과적인 PT 테크닉'이라는 제목을 생각한 이유는 다음과 같습니다.

1. 중요성의 인식: 영업에서 PT는 매우 중요한 요소입니다. PT는 고객을 설득하고 제품과 서비스의 가치를 전달하기 위한 주요 수단입니다.
2. 보편적 관심: 대부분의 영업 담당자가 PT 능력을 향상시키는 일에 관심이 있으므로 이 주제는 광범위한 청중의 관심을 끌 가능성이 높습니다.
3. 살용적인 접근 방식: '효과적인 PT 테크닉'이라는 부분은 구체적인 방법과 전략을 제공한다는 점을 시사합니다. 이는 참가자가 실제로 적용할 수 있는 실용적인 지식을 원할 때 특히 효과적입니다.
4. 전문성과 교육적 가치: 이 제목은 전문적인 지식과 교육적 가치를 제공한다는 점을 강조합니다. 영업 PT의 '비법'을 배우는 일은 참가자에게 매력적이고 가치 있는 경험이 될 것입니다.
5. 시장 수요: 현대 영업 환경에서 PT 기술 향상에 대한 수요가 매우 높습

니다. 특히 새로운 기술과 PT 방법의 등장으로 최신 정보에 대한 수요는 항상 있습니다.

이러한 점에서 이 제목은 영업 관련 웨비나 이벤트에 적합하다고 생각합니다. 참가자가 실천적인 방법을 배우고 즉시 업무에 활용할 수 있는 부분을 기대하고 있다는 점을 고려하였습니다.

━ 핵심 포인트 ━

🎙 You

감사합니다! 이 다섯 가지 사고 프로세스를 바탕으로 '영업 PT의 비법: 효과적인 PT 테크닉'이라는 뉘앙스에 가까운 제목을 최대한 단어가 중복되지 않도록 신경 써서 세 가지를 추천해 주세요.

🤖 생성형 AI

물론입니다. '영업 PT의 비법: 효과적인 PT 테크닉'이 지닌 뉘앙스를 유지하면서 표현이 중복되지 않는 웨비나 이벤트 제목을 다음과 같이 제안합니다.

1. '성공에 대한 핵심 포인트: 궁극의 영업 PT 전략'
2. '영업 퍼포먼스 향상의 비결: 프로의 PT 스킬'
3. '고객을 매료시키는 영업 PT: 효과적 전술과 방법'

① 처음에 아이디어를 최대한 많이 뽑아낸다.

② 그중에 괜찮은 답변을 선택해 그 품질에 대한 피드백을 한다.

③ 내용이 좋은 답변을 바탕으로 다시 아이디어 양을 늘린다.

이러한 흐름으로 생성형 AI와 대화를 계속해 아이디어의 질을 높이도록 하자.

요령 8. 정보를 교차 검증하여 생성형 AI에게 생각하게 만든다

PEST 분석이나 3C 분석처럼 타깃 정보를 짧은 시간 내에 분석할 수 있다면 무척 도움이 된다. 이러한 분석 또한 생성형 AI에게 시킬 수 있다. 그리고 단순히 분석만 시키는 것이 아니라 정보를 교차 검증하여 생성형 AI에게 생각하게 만듦으로써 더 많은 힌트를 얻을 수 있다. 아래의 예시를 살펴보자.

프롬프트 예시 ([그림 4-8] 참고)

☐ ① 제조 업계의 PEST 분석을 하시오.

☐ ② 분석해서 나온 정보를 바탕으로 '제조업계의 생산라인 책임자' 입장에서 외부 환경을 어떻게 다루어야 할지 답하시오.

☐ ③ 나아가 '제조업계의 생산라인 책임자'의 고민을 우선순으로 항목별로 답하시오.

🧑 You

① 제조 업계의 PEST 분석을 하세요.

② 분석해서 나온 정보를 바탕으로 '제조업계의 라인 책임자' 입장에서 외부 환경을 어떻게 다루어야 할지 답하세요.

③ 나아가 '제조업계의 생산라인 책임자'의 고민을 우선순으로 항목별 답변을 제시하세요.

🤖 생성형 AI

① 제조 업계의 PEST 분석

  1. 정치

  ☐ 정부의 규제와 법령 변경

  ☐ 무역 정책의 변동

  2. 경제

  ☐ 경제 성장률 변동

  ☐ 오프라인 환율의 불안정성

  3. 사회(소셜)

  ☐ 노동 시장의 변화와 인재 확보

  ☐ 소비자의 기호 변화

  4. 기술(테크놀로지)

  ☐ 기술 진화에 대한 대응

  ☐ 자동화와 디지털화의 영향

② 제조업계의 생산라인 책임자의 생각

  1. 정치

  ☐ 정치 변화에 민감하게 대응해 컴플라이언스를 확보

  ☐ 정부와의 커뮤니케이션을 강화해 정책 변경의 영향을 파악

2. 경제

□ 변동하는 경제 상황에 적응하고 비용 관리를 강화

□ 리스크를 제거하고 국제 거래 영향을 최소화

3. 사회

□ 노동력 확보와 능력 향상에 초점을 맞춰 직원들의 상태 관리를 강화

□ 소비자의 동향을 분석해 제품의 조정과 신제품 개발을 검토

4. 기술

□ 최신 제조 기술에 대한 투자를 검토하고 제조라인의 효율을 향상

□ 디지털화를 추진해 생산 프로세스의 투명화와 신속한 의사결정을
   추진

③ 제조업계의 생산라인 책임자가 가진 고민(우선순위 순서로)

　　1. 노동력 확보와 스킬 향상

　　□ 올바른 기술을 보유한 노동력을 확보하기 위한 전략 구축

　　2. 경제 상황 적응과 비용 관리

　　□ 변동하는 경제 상황에 유연하게 대처하고 제조 비용을 최적화
　　　　하는 수단을 검토

　　3. 기술 도입과 디지털화

　　□ 최신 제조 기술의 도입과 디지털화에 의한 효율 향상의 실현

　　4. 시장에 대한 변화의 대응

　　□ 소비자의 취향이나 시장 변화에 민감하게 대처해 생산라인을
　　　　조정하고 신제품을 개발

　　5. 정부 규제 준수와 커뮤니케이션

　　□ 정부가 정한 일을 준수하고 변화에 대한 대비책을 확보할 때 정
　　　　부와의 적극적인 커뮤니케이션을 확보

요령 9. '어떤 역할'과 '어떤 행동'을 시키는지가 중요하다

생성형 AI에게 어떤 역할을 맡기고 무슨 행동을 하게 할지에 따라 답변이 달라질 수 있고, 이해하기 쉬운 표현을 선택해서 사용하기도 한다. 예를 들어 '당신은 프로 영업 직원이다'와 같이 생성형 AI에게 역할을 부여하면 좋다. 하지만 이러한 역할만 지시해서는 안 된다.

'당신은 반대 입장에서 비판적인 의견을 내야 한다'와 같이 일부러 반대 의견을 내도록 지시할 필요도 있다.

프롬프트 예시([그림 4-9] 참고)

□ 나는 지금 영업 업무에서 성과가 나오지 않아 힘이 든다. 모두에게 존경받는 상사의 입장에서 격려해 주길 바란다.

그림 4-9

는 일이 중요합니다. 이제까지의 노력을 자랑스럽게 여기고 자신을 가지세요. 당신이라면 분명 극복할 수 있을 것입니다.

🧑 You

나는 지금 영업직으로 일하고 있는데, 성과가 나지 않아 고민이 많습니다. 모두의 존경을 받는 상사의 입장에서 격려해 주세요.

🤖 생성형 AI

영업에서 성과를 내지 못하는 시기는 누구에게나 찾아옵니다. 당신의 노력은 내가 잘 알아요. 영업은 성과가 전부는 아닙니다. 매일 고객과 소통하고, 제품과 서비스에 대해 이해하고, 그리고 무엇보다 고객의 니즈를 깊게 이해하려는 자세가 중요하지요.

지금은 성과가 눈에 보이지 않을 수도 있습니다. 하지만 지금의 경험은 당신을 한층 더 성숙하게 만들어 줄 귀중한 것입니다. 실패를 두려워 말고 긍정적으로 생각하며 계속 부딪혀 보세요. 그리고 작은 성공이라도 소중히 여긴다면 하나하나가 모여 커다란 성과로 이어질 것입니다.

나는 당신과 같은 노력가가 자랑스럽습니다. 우린 같은 팀이니 함께 헤쳐 나갑시다. 당신이라면 할 수 있다고 나는 믿습니다.

요령 10. '이상하게' 느껴진다면 '어떤 지시를 하면 좋을지' 생각해 본다

생성형 AI가 제시한 답변이 조금 이상하게 느껴진다면 다음에 어떤 지시를 내리면 좋을지 생성형 AI에게 묻는 것도 좋은 방법이다.

이를 실행하려면 질문의 목적과 의도, 자신이 원하는 대답의 이미지를 미리 언어화 할 필요가 있다.

어떻게 해야 원하는 대답을 들을 수 있는지, 그러려면 어떤 정보와 지시가 있으면 좋은지를 전달함으로써 생성형 AI에게 생각하게 할 수 있다.

프롬프트 예시 ([그림 4-10] 참고)

☐ 영업의 특징을 항목별로 다섯 개 제시해 주세요.

추가 요구사항

☐ 감사합니다. 이 내용은 각 특징을 살려 신입 사원을 위한 자료에 포함시키고 싶습니다. 다만 너무 딱딱한 느낌이므로 조금 평이한 표현과 실용적인 것으로 바꾸면 내용이 훨씬 풍부해질 것 같습니다. 그러려면 추가로 어떠한 지시를 내려야 할까요?

다른 추천 방식 사례

☐ 당신은 결재하는 사람이다. 검토할 때 필요한 중요 요소를 알

려주길 바란다.

☐ 당신은 제조업계의 생산라인 책임자다. 평상시 시간을 어떻게 사용하는지와 고민거리를 알려주길 바란다.

☐ 무엇이든 부정적으로 보는 구매자가 되어 내 제안에 반박하길 바란다.

You

영업의 특징을 항목별로 다섯 개 제시해 주세요.

생성형 AI

영업의 특징을 항목별로 다섯 개 제시합니다.

1. 커뮤니케이션 능력: 영업은 고객과의 원활한 커뮤니케이션이 필수다. 뛰어난 대인 관계 능력과 전달 능력으로 상대방의 니즈와 기대를 이해하고 효과적인 정보를 제공할 수 있어야 한다.

2. 성실함과 신뢰성: 신뢰는 비즈니스에서 매우 중요하며, 영업 담당자 또한 성실하고 믿을 수 있어야 한다. 따라서 약속을 잘 지키고 고객과의 원만한 관계를 맺기 위해 신뢰를 쌓는 노력을 게을리해서는 안 된다.

3. 문제 해결 능력: 영업은 때로는 복잡한 상황이나 문제에 직면한다. 고객의 니즈와 문제점을 이해하고 적절한 해결책을 제안할 수 있는 능력이 요구된다.

4. 자기 관리 능력과 계획 능력: 영업은 종종 자기 관리가 요구되고 목표 달성을 위해 계획을 세워야 한다. 시간 관리가 중요하므로 우선순위를 정하면서 업무를 처리할 줄 알아야 한다.

5. 경쟁의식과 향상심: 대부분의 영업은 경쟁이 심한 환경에서 일한다. 성공하기 위해서는 경쟁의식을 갖고 스스로 발전하려는 마음으로 새로운 기술과 지식을 획득해야 하며, 시장 변화에 적응할 수 있는 유연성을 가지고 있어야 한다.

— 핵심 포인트 —

👤 You

감사합니다. 이 내용은 각 특징을 살려 신입 사원을 위한 자료에 포함시키고 싶습니다. 다만 너무 딱딱한 느낌이므로 조금 평이한 표현과 실천적인 것으로 바꾸면 내용이 훨씬 풍부해질 것 같습니다. 그러려면 추가로 어떠한 지시를 내려야 할까요?

🤖 생성형 AI

신입 사원을 위한 자료를 작성할 때는 다음과 같은 내용과 접근법을 생각해 봅시다. 되도록 평이하게 서술하되 구체적인 사례와 상황을 섞는다면 실천적인 이해를 도울 수 있습니다.

1. 전문성과 전문 지식
   '신입 사원이라면 우선 업계와 제품에 대해 잘 파악해야 하며, 고객이 어떤 사업을 하고 있는지 이해하는 것이 중요하다. 그들의 니즈와 문제점을 알게 된다면 제안이 훨씬 쉬워진다.'

2. 거래 과정의 장기화

　‘거래란 꽤 오랜 시간이 걸릴 수 있다. 당황하지 말고 고객과 천천히 관계를 형성해 나가자. 처음 연락할 때부터 계약이 성립될 때까지의 단계를 떠올려 보자.’

3. 관계 형성과 네트워킹

　‘새로운 친구를 사귀듯 접근하자. 고객과의 신뢰 관계는 중요하므로 자주 연락을 하거나 그들에 대해 잘 파악하는 일이 핵심이다. 예를 들어 그들의 취미가 무엇인지 물어보는 것도 좋을 수 있다.’

4. 요구 분석과 개별화

　‘고객은 모두 다 다르므로 똑같은 제안을 하면 안 된다. 원하는 특정 기능이 있는지, 비용 절감이 필요한지 등 그들이 원하는 것과 필요한 것을 잘 듣고 파악해 거기에 맞는 맞춤형 제안을 해야 한다.

5. 복잡한 의사결정 과정

　‘의사결정은 때론 번거로운 일이 발생하기도 한다. 그래도 고객의 생각이나 입장에서 잘 생각해 보도록 하자.’

<생성형 AI 활용 시 마음가짐 편>

요령 11. 일문일답이 아닌, ‘대화’로 목표에 도달하려는 인식이 필요하다

생성형 AI를 제대로 활용하지 못하는 사람은 대개 프롬프트에 따라 한 번만 질문해도 완벽한 답변을 얻을 수 있다고 착각한다.

그 심정은 충분히 이해하지만, 이는 매우 얼토당토않다.

사람들과의 의사소통에서도 마찬가지다. 후배나 동료, 상사에게 자신의 생각을 자세히 설명하지 않아도 그들이 충분히 이해하려면 그에 상응하는 대화를 주고받아야 한다. 그러므로 프롬프트 또한 피드백하면 할수록 결과물의 질이 올라간다.

다만 대화를 이어가면서 생성형 AI에게 학습시킨 내용은 스레드(맥락)가 바뀌게 되면 AI와 대화하기 전의 초기 상태로 돌아가니 주의해야 한다.

그래서 나는 대화 중에 자주 사용하는 개념이나 정보에 이름을 붙여서 그 이름과 구조를 생성형 AI에게 외우게 하는 방법을 추천한다.

예시로, 매출을 올릴 수 있는 요소를 로직 트리 기법을 사용하여 생성형 AI에게 문장으로 답변하도록 했다고 가정해보자.

지금 대답한 매출을 올릴 수 있는 구조의 로직 트리를 '매출 구조 로직 트리'라고 이름 붙인다.

앞으로 이 이름을 언급하면 언제든 불러오거나 참고할 수 있도록 한다.

또한 다른 스레드에서도 사용할 가능성이 있으므로, 이 구조를 다른 스레드에 복사해 바로 제출할 수 있도록 문장 형태로 출력한다.

이와 같은 구조로 만든 '매출 구조 로직 트리'를 같은 스레드 안이나 다른 스레드에 붙여넣는다.

'제조업'에서 매출을 올리기 위한 로직 트리를 만들고 싶다.

다음의 '매출 구조 로직 트리'를 참고해 제조업 특유의 업계 정보까지 포함한 로직 트리를 만든다.

그리고 위와 같은 지시를 내리면 조건 입력란에 '매출 구조 로직 트리' 단어를 넣어 활용한다.

이처럼 일단 한번 깊이 있게 주고 받은 대화를 끝내지 않도록 노력하는 방법 또한 중요하다.

요령 12. '지금'은 시간이 소요되는 업무의 시간을 단축시키겠다는 생각으로 사용한다

생성형 AI에 무궁무진한 가능성이 잠들어 있는 것은 사실이지만, 지금 단계에서 과도한 기대는 금물이다. 단점을 발견하려 들자면 끝이 없다. 그러니 지금 당장 할 수 없는 일이라 여기지 말고 할 수는 있지만 '시간이 오래 걸리는 업무를 짧게 끝내겠다'는 생각으로 활용하기를 바란다. AI의 기술은 나날이 눈부신 진화를 거듭하고 있지만 완전 자동화 방식의 길은 요원하다. 그러므로 당장은 '반 자동화' 방식으로 사용하는 편이 편리하다고 할 수 있다.

요령 13. 일단은 '생성형 AI로 놀아보기'부터 시작한다

솔직히 말해서 생성형 AI는 금세 능숙하게 사용할 수 있는 툴은 아니다. 계속해서 다양하게 지시해 본 사람만이 그 경향과 요령을 파악해 업무 시간을 단축시킬 수 있다. 지금까지 다양한 방법을 소개했지만, 일단은 한 줄, 또는 짧은 문장이라도 좋으니 습관적으로 사용해 익숙해져야 한다. 이상적인 답변을 이끌어 내려다가는 좌절하기 쉬우니 가볍게 고민 상담이나 메일 내용 교열 등부터 시험해 보는 방법을 추천한다. 아니면 회식 장소나 여행 장소의 상담 등부터 시작해 보는 건 어떨까?

<보충편>

요령 14. 생성형 AI의 [#]은 '항목의 크기'를 가리킨다

생성형 AI를 이용할 때, '#'을 사용하는 프롬프트를 보고 무슨 의미인지 생각해 본 적이 있는가? 생성형 AI를 이용할 때는 마크다운 Markdown 기법(특히 IT업계와 기술직 사이에서 널리 사용하는 정보 표기 규칙)이 자주 사용된다.

마크다운 기법에서 '#'은 제목의 계층 구조를 의미한다. 문장으로 전달하기보다 '#'이나 '*'같은 마크다운 기법을 사용해 지시를 내리는 방식이 AI도 사용자의 의도를 더 쉽게 이해하거나 답변의 정확도를 높이는 데에 효과적이다.

'#'=항목의 제목으로서 사용할 수 있다.

#: 대항목 '부'

##: 중항목 '장'

###: 소항목 '절'

'생성형 AI가 유효한 답변을 제시하지 않는다'고 포기하기 전에

앞서 이야기한 바와 같이 평소 업무에서 생성형 AI를 제대로 활용하는 사람과 그렇지 않은 사람의 차이는 '한 번의 대화로 전부를 해결하려 하지 않는다'는 자세에 있다고 말했다. 바꿔 말하면 생성형 AI의 특징을 정확히 이해하고 과도한 기대를 하지 않는다는 뜻이기도 하다.

이미 널리 사용하고 있는 생성형 AI 활용 팁이나 놀라운 장면은 빙산의 일각이다. AI 지원이나 AI 서비스를 제공하는 사업자가 밤낮으로 몰두해 연구한 결과물의 일부분이 이벤트나 SNS를 통해 보여지는 것이니, 당연히 개인이 생성형 AI를 활용하여 받은 결과물과는 차이가 날 수밖에 없다.

흔히 사용하는 '검색'이라는 행위에 대입해 상상해 보도록 하자.

우선 똑같은 '검색'이라도 응용력과 경험, 상상력에 따라 검색의 정확성과 속도에는 커다란 격차가 생긴다. 어떤 단어를 입력해야 원하는 인터넷 사이트를 찾아낼 수 있는지 그 정확도에 차이가 발생하는 것이다.

그리고 원하는 답변에 도달하지 못했다면 어떠한 행동을 취하고 있는지도 생각해 보자. 검색어를 변경하거나 추가하여 다시 찾아보고 있지는 않은가?

생성형 AI도 마찬가지지만, 생성형 AI는 아직 업무 프로세스에 도입되지 않았거나 사용이 익숙하지 않은 경우가 많다. 그래서 사용자는 한 번의 답변으로 만족하지 못하면 대부분 쉽게 포기해 버린다.

그러니 생성형 AI를 일문일답의 기계로 이용하는 게 아니라 깊이 생각하고 아이디어를 확장하는 검색의 상위 개념으로 받아들이고 활용해야 한다.

생성형 AI와의 상호작용, 즉 이번 경우에 빗대어 말하자면 '대화를 주고받는 과정'을 통해 이상적인 결과물에 다가가려면 어떻게 해야 할까? 지금부터 [그림 4-11]을 활용해 생성형 AI와 깊게 대화하는 구조적인 방법에 대해 알아보기로 한다.

그림 4-11
대화 순서도

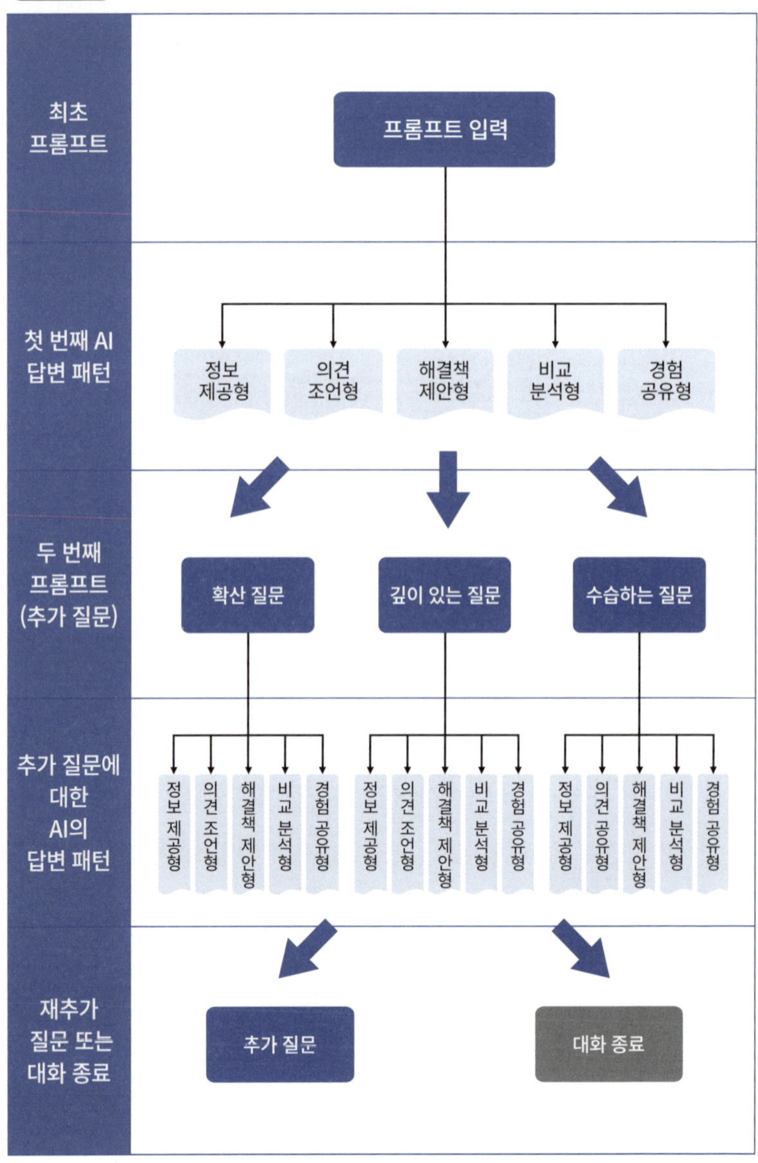
최초
프롬프트

첫 번째 AI
답변 패턴

두 번째
프롬프트
(추가 질문)

추가 질문에
대한
AI의
답변 패턴

재추가
질문 또는
대화 종료

프롬프트 입력

정보
제공형
의견
조언형
해결책
제안형
비교
분석형
경험
공유형

확산 질문
깊이 있는 질문
수습하는 질문

정보 제공형
의견 조언형
해결책 제안형
비교 분석형
경험 공유형
정보 제공형
의견 조언형
해결책 제안형
비교 분석형
경험 공유형
정보 제공형
의견 공유형
해결책 제안형
비교 분석형
경험 공유형

추가 질문
대화 종료

1. 초기 프롬프트

우선 간단한 질문이나 프롬프트의 템플릿을 이용해 AI와의 대화를 시작하자. 다음의 세 가지를 지정하기만 해도 대화의 정확도는 올라간다.

□ 지시(무엇을 해 주길 원하는가?)

□ 역할(○○○의 역할을 연기하시오)

□ 결과물 형식(항목별, 표 형식 등)

2. 첫 번째 AI 답변 패턴

AI의 답변을 크게 다섯 가지 유형으로 분류하였다. 전체 내용이 아니라 자주 등장한 것을 선정해 분류하였다.

(A) 정보 제공형

(B) 의견 조언형

(C) 해결책 제안형

(D) 비교 분석형

(E) 경험 공유형

그렇다면 이 다섯 가지 패턴도 순서대로 살펴보자.

(A) 정보 제공형

다양한 수단과 리소스를 사용한 정보를 제공하는 답변이다.

◇ 정보 제공형 답변을 이끌어 내는 질문의 예

‘○○에 대해 알려줘.’, ‘○○를 설명해.’

〈AI의 대답〉

‘최신 연구에 따르면 이 분야의 주요 발견 내용은 다음과 같습니다.’

‘과거의 비슷한 사례에서는 다음과 같은 결과가 나타났습니다.’

‘현재 시장 동향은 다음과 같이 분석할 수 있습니다.’

‘이 문제는 특정한 문화적·사회적 배경을 고려하면 다음과 같이 이해할 수 있습니다.’

(B) 의견 조언형

특정 관점이나 입장, 정보 리소스를 바탕으로 한 의견과 조언을 제시하는 답변이다.

◇ 의견 조언형 답변을 이끌어 내는 질문의 예

‘당신은 프로 영업 컨설턴트이다. ○○의 상황에서 최적의 해결책을 알려주길 바란다.’

〈AI의 대답〉

'이 질문에 대한 최적의 접근법은 다음과 같습니다.'

'이 상황에서는 다음의 단계를 밟아 나가기를 추천합니다.'

'법적 관점에서는 다음과 같은 대처가 필요합니다.'

(C) 해결책 제안형

문제 해결에 대한 구체적인 방향을 제시하는 답변이다. '의견 조언형 답변'을 보고 '구체적으로 알려 달라'라고 지시하는 등 보다 자세한 대안을 요구할 때 자주 볼 수 있다.

◇ 해결책 제안형 대답을 이끌어 내는 질문의 예

'이 상황을 개선하기 위해서는 어떠한 수단이 있는가?'

'이 문제를 해결하기 위해서는 무엇을 제안하겠는가?'

〈AI의 대답〉

'이 질문에 대한 실용적인 해결책으로서는 다음의 접근법을 제안합니다.'

'창조적인 해결책으로서 다음과 같은 새로운 아이디어를 생각할 수 있습니다.'

(D) 비교 분석형

어떤 대상의 비교와 사상의 분류에 대해 지시하는 대답이다.

◇ 비교 분석형 대답을 이끌어 내는 질문의 예

'A와 B를 비교했을 때 무엇이 더 우수한가?'

'이 두 가지 사업 전략 사이에는 어떠한 근본적인 차이가 있는가?'

〈AI의 대답〉

'옵션 A와 B를 비교하면 A는 이러한 점이 뛰어나고 B에는 다른 이점이 있습니다.'

'만일 A가 사실이라면, 다음과 같은 추론이 성립됩니다.'

(E) 경험 공유형

특정한 견해를 제시하는 대답이다.

◇ 경험 공유형 대답을 이끌어 내는 질문의 예

'당신은 △△ 업계의 ○○이다. 그 입장에서 이 질문에 대한 대답을 부탁한다.'

'과거의 유사한 경우를 통해 무엇을 배웠는가?'

<AI의 대답>

'△△ 업계의 ○○ 입장에서 보면,'

'과거에 이 업계에서 일어났던 유사한 변화를 통해 다음과 같은 교훈을 얻을 수 있습니다.'

두 번째 프롬프트 (추가 질문)
: AI의 대답 패턴을 통해 대화를 심화시키자

이 시점에서 나와 생성형 AI는 한 번 이상의 대화를 한 상태다. 첫 번째 질문에 만족스러운 대답이 돌아올 경우는 드물다. 일단 도출된 답변에 대해 추가적인 지시나 질문을 하여 목적을 달성하고자 노력한다.

생성형 AI에 질문을 던져 이상적인 답변을 얻는 방식은 '영업 미팅에서 고객의 불편한 점이나 추구하는 바를 듣고 과제를 설정하는' 프로세스와 비슷하다.

셀레브릭스에서는 고객의 객관적 사실을 파악해 과제를 설정하는 프로세스를 가리켜 '팩트 파인딩'이라고 부르는데, 영업 프로세스에서도 가장 중요하게 생각한다.

이 팩트 파인딩을 통해 겉으로 드러난 고객의 문제의식과 니즈로부터 잠재의식에 접근할 때 활용하는 '확산', '심화', '결론'의 세 가지 방법이 있다.

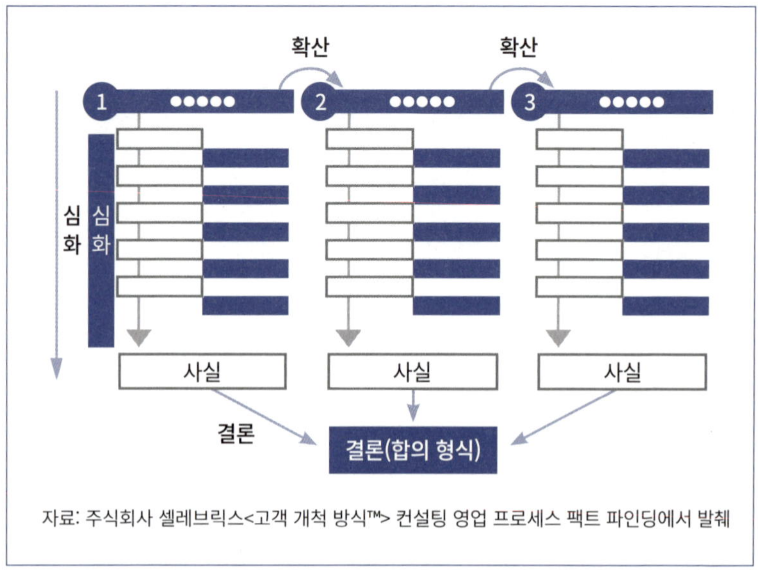

☐ 확산: 화제를 퍼뜨린다(확산 질문).

☐ 심화: 이야기를 파고든다(심화 질문).

☐ 결론: 정보를 정리한다(결론 질문).

이 프로세스를 그림으로 표시하면 [그림 4-12]와 같다.

확산이란 화제를 퍼뜨리는 것이므로 이야기가 횡적으로 전개되고, 심화는 특정 이야기를 깊게 파고드는 종적 관계성을 띤다.

그리고 결론은 깊게 파고든 정보군을 정리하거나 인과 관계, 상관 관계를 만들어 정리하는 프로세스다.

생성형 AI가 내놓은 1차 답변에 대해 화제를 확산시켜 깊이 파고들어야 할 항목을 특정하거나(확산), 대상의 정보에 관한 내용을 많이 집어넣거나(심화), 모은 정보를 정리시키면(결론) 좋다.

화제를 넓히는 '확산 질문'의 여섯 가지 패턴

광범위한 정보와 관점을 모으고 다양한 선택지나 아이디어를 찾기 위한 질문이다. 몇 가지 예시 패턴을 소개하기로 한다.

◇ 정보 확산 패턴: 다각도적인 시점에서 폭넓은 정보를 수집하고 깊게 이해하는 질문

질문 예 '다른 견해가 있나요?'

'이 주제의 다른 측면은 무엇인가요?'

'추가적으로 관련된 정보가 있나요?'

◇ 경험 비교 패턴: 서로 다른 경험을 비교하고 통찰을 얻기 위한 질문

질문 예 '비슷한 상황에서 다른 결과가 나왔습니까?'

'다른 문맥에서의 성공 사례가 있습니까?'

'다른 기업은 이 문제를 어떻게 해결했습니까?'

◇ 창조성 탐구 패턴: 새로운 아이디어와 방법을 찾기 위한 질문

질문 예 '이 질문에 대해 아직 아무도 생각해 내지 못한 접근법은 무엇입니까?'

'다른 업계에서 등장한 독특한 해결책은 무엇입니까?'

◇ 비교 요구 패턴: 다른 옵션과의 비교와 평가를 하기 위한 질문

질문 예 '옵션 A와 B의 장단점은 무엇입니까?'

'이 두 가지 방법은 어떻게 비교할 수 있습니까?'

◇ 경제적, 시장 탐구 패턴: 시장 동향과 경제적 영향을 탐구하기 위한 질문

질문 예 '현재 시장 트렌드는 어떻게 영향을 받고 있습니까?'

'경제적인 관점에서 봤을 때 이 전략의 이점은 무엇입니까?'

◇ 문화적, 사회적 통찰 요구 패턴: 문화 사회적 배경의 이해를 돕기 위한 질문

질문 예 '이 질문은 문화적으로 어떻게 받아들여집니까?'

'사회적인 관점에서 봤을 때 어떠한 영향이 있을 것 같습니까?'

확산 질문은 이용하는 타이밍에 따라 기대할 수 있는 효과는 달라진다.

질문의 전반부나 초기 단계에서는 아이디어나 관점 제안 등 대화를 시작하는 데 도움이 된다. 그리고 대화 후반부에는 발상의 전환, 또 다른 관점 등 생각해야 할 사항들이 빠졌는지 확인하는 데 효과적이다.

이야기를 깊이 파고드는 '심화 질문'의 네 가지 패턴

생성형 AI가 첫 번째로 대답한 정보와 아이디어에 대해 더욱 깊이 파고들어 내용을 상세하게 파악하거나 이해의 깊이를 더하기 위한 질문이다. 여기서도 몇 가지 예시 패턴을 소개하고자 한다.

◇ 의견 심화 패턴: AI가 대답한 의견과 견해, 그 근거를 탐구하기 위한 질문

질문 예 '이 의견에 도달한 이유는 무엇입니까?'

'그 견해에 영향을 준 요인은 무엇입니까?'

'그 의견을 뒷받침하는 증거가 있습니까?'

◇ 역사적 통찰 패턴: 과거의 사례를 통한 교훈을 탐구하기 위한 질문

질문 예 '과거에 이러한 상황이 있었을 때는 어떻게 대응하였습니까?'

'같은 사례에서 얻은 교훈은 무엇입니까?'

◇ 추론 탐구 패턴: 추론과 결론의 근거를 밝히기 위한 질문

질문 예 '이 결론에 도달한 논리적인 과정은 무엇입니까?'

'그 추론을 지지하는 근거는 무엇입니까?'

'그 가설은 어떻게 검증되었습니까?'

◇ 법적/규범적 탐구 패턴: 법 규범을 기반으로 한 지도와 해석을 요구하기 위한 질문

질문 예 '이 법적인 문제의 표준적인 대응은 무엇입니까?'

'규범적인 견해에 따라 어떠한 대처를 추천합니까?'

심화 질문은 이용하는 타이밍에 따라 기대할 수 있는 효과는 달라진다.

질문의 전반부나 초기 단계에서는 조기에 대화 주제를 압축할 수 있게 되고, 대화가 끝날 때까지의 시간을 단축시키는 데 도움이 된다. 또 가설을 확인하거나 그 근거를 뒷받침하는 정보를 확보할 때 유효하다. 대화 후반부에는 전반부까지의 대화 내용을 더욱 파고들어 정보를 계층에 따라 정리하는 등 정보 정리에도 도움을 준다.

정보를 정리하는 '결론 질문'의 두 가지 패턴

대화를 특정 결론이나 해결책으로 유도하기 위한 질문이다. 질문은 아니지만 구체적으로 지시하는 경우도 여기에 포함된다.

◇ 사상 구체화 패턴: 조언과 정보를 구체적으로 어떻게 적용할지 확인하는 질문

질문 예 '이 조언을 구체적인 행동 계획에 어떻게 적용해야 합니까?'

'지금까지의 상담 내용을 바탕으로 결론을 내 주세요.'

'제안한 아이디어의 실현 순서를 알려 주세요.'

'지금까지의 내용을 우선순으로 정렬하여 실행계획으로 정리해 주세요.'

'이 이론을 실무에 응용할 수 있는 방법은 무엇입니까?'

'지금까지 거론한 내용을 우선순으로 정렬해 실행계획으로 정리해 주세요.'

'이 해결책을 효과적으로 실시하기 위한 힌트가 있습니까?'

◇ 정리 패턴: AI와의 대화를 정리하기 위한 질문

질문 예 '지금까지의 대화를 요약해 주세요.'

'최신 정보는 제가 지시하면 언제든 불러올 수 있도록 〈정

리 A)로 저장해 주세요.'

'다른 사람에게 설명하는 상황으로 상정하여 지금까지의 대화를 설명문으로 작성해 주세요.'

결론 질문은 사용하는 타이밍에 따라 기대할 수 있는 효과가 달라진다. 질문의 전반부나 초기 단계에서는 정보의 정의를 명확히 하거나 임의로 결론을 내리는 데 효과적이다. 초기 단계에 표현과 정보를 정의하는 일은 그 후의 대화나 생성형 AI가 정보를 생성하는 데 도움이 된다.

대화 후반부는 그때까지의 흐름을 바탕으로 한 결론을 도출시킬 때 도움이 된다.

이 시점에서 원하는 답변을 얻었다면 사용은 중지하도록 하자. 또한 대화를 계속한다면 원하는 답변을 들을 때까지 아래의 ①~③을 반복하도록 하자.

① 다른 시점을 묻는 등 화제를 넓힌다.
② 확장한 화제 중에서 특정 부분을 파고든다.
③ 정보를 구체적으로 정리·요약한다.

다양한 질문 방법과 대답 유형을 이해하고, AI와의 대화를 통해 원하는 답변에 도달하도록 하자.

확산·심화·결론과 생성형 AI 대답 패턴의 조합

마지막으로 AI에 던지는 세 가지 질문과 다섯 가지의 AI 대답 패턴을 합친 그림을 게재한다([그림 4-13] 참조). 다양한 질문 방법과 대답 유형을 이해하고 AI와의 대화를 통해 원하는 대답에 도달하도록 하자.

그림 4-13

	확산 질문	심화 질문	결론 질문
정보 제공형	폭넓은 정보원이 주제와 사실을 제공	특정 정보와 데이터 상세 내용, 배경의 설명	직접적인 정보와 데이터를 이용한 구체적인 지시와 결론
의견 조언형	다양한 의견과 시점을 제시	의견이나 조언의 근거와 이유의 설명	의견과 조언을 바탕으로 한 구체적인 행동 지침과 결론
해결책 제안형	다른 해결책과 접근법 제시	해결책의 상세한 분석과 근거 설명	해결책의 구체적인 실시 방법과 단계 제안
비교 분석형	다른 옵션과 접근법의 비교	특정 옵션과 접근법의 깊은 분석	가장 최적화된 옵션과 접근법 추천
경험 공유형	다양한 사례와 경험의 공유	특정 사례와 경험의 자세한 설명	특정 사례와 경험을 기반으로 한 구체적인 추천과 지침

5장

'인텔리전트 세일즈'를 영업 조직에 정착시키는 방법

'리더'가 진심이지 않으면 '인텔리전트 세일즈'는 정착되지 않는다.

영업 담당자가 취미의 연장선으로 생성형 AI를 이용한다고 해도 조직의 이해와 지원이 없으면 그 효과와 유효성은 반감된다.

혼자서 독학하거나 개인적인 실험을 시행하는 경우와 비교했을 때, 생성형 AI를 활용한 영업 프로세스 개선이나 사례 연구가 쌓이는 빈도와 깊이 모두 조직적으로 접근하는 경우에 비해 속도가 더딜 수밖에 없다.

회사에서 '인텔리전트 세일즈'를 표준화해 정착시키고 모두가 효과적으로 활용하기 위해서는 영업 프로세스를 변혁시키겠다는 리더의 강한 의지와 결단, 그리고 생성형 AI에 대한 이해가 필요하다.

내가 조직의 리더이거나 관리자라면 인텔리전트 세일즈의 정신과 그 프로세스를 배우고 영업 프로세스의 변혁을 지휘하도록 하자. '지금'이 바로 리더십을 발휘할 때이다.

또는 본인이 관리직이 아니더라도 할 수 있는 일이 있다. 일단 스스로 '성공 사례'의 롤모델이 되면 된다.

생성형 AI의 성능과 인텔리전트 세일즈의 효과를 증명해 그 방법을 따라 하고 배우고 싶어 하는 동료를 모아야 한다. 인텔리전트 세일즈 프로세스의 구축을 원하는 팀 구성원이 이러한 움직임을 만들어 준다면 회사에 AI 퍼포머가 늘어날 것이다.

우리는 실험 결과를 바탕으로 생성형 AI의 이점과 리스크에 입각해 '올바른 의견'을 내놓아야 한다. 그러한 움직임과 동력(탄력과 가속도를 더하는 일)을 일으키기 위해서라도 생성형 AI의 이점뿐 아니라 리스크와 부족한 영역까지 파악하면서 생성형 AI를 이용하도록 하자.

리더의 역할은 생성형 AI를 활용한 인텔리전트 세일즈의 실증 실험을 반복하고 '올바른 의견'을 바탕으로 조직을 이끄는 것이다.

이러한 리더십 정신은 누구나 발휘할 수 있다.

이번 장에서는 이 책을 읽는 '당신'의 리더십에 불을 붙일 만한 메시지를 정리하였다.

'인텔리전트 세일즈'를 영업 조직에 정착시키는 방법

'AI 뇌'를 가지지 못한 관리자는 무용지물일까?

"'AI 뇌'를 가지지 못한 관리자는 무용지물"이라는 메시지는 강렬하다고 생각하는가?

거친 표현이기는 하지만 나는 거짓말이라 생각하지 않는다. 최소한 생성형 AI를 도입해 영업 프로세스를 만들려는 조직에서 관리자와 중간 관리자들이 생성형 AI를 '나와 상관없는 남의 일'이라고 받아들인다면 심각한 문제다.

특히 생성형 AI의 힘을 빌리지 않아도 잘 해왔다는 생존자 편견이 강한 사람에게서 이러한 경향을 도드라지니 골치가 아프다.

자신이 모르거나 경험하지 않은 것에 대한 이해를 포기하고 자신의 성공 경험과 지식을 강요하며 주변 사람들의 성장을 방해한다면 이미 '사고방식의 노화'일지도 모른다.

비즈니스에서 위험하게 여겨지는 이러한 '노화'는 나이에 따라 찾아오지 않는다. 새로운 것이나 변화에 대한 대응 방식과 태도에 따라 생겨난다. 나이가 어린 관리자도 사고방식이 충분히 노화했을 수 있다.

또한 생성형 AI의 필요성은 인정하면서도 권한을 위임하는 척 젊은 사람들에게 맡기는 장면을 보았거나, 혹은 가슴에 손을 얹고 자신의 행동을 되돌아보니 조금이라도 뜨끔했다면 이 책을 통해 '전환점'을 맞이하게 될 수도 있다.

나는 관리자나 기타 관리직이야말로 'AI 뇌'를 가져야 한다고 강하게 주장한다. 'AI 뇌'는 비유적인 표현이다. 정확히는 AI를 활용하거나, 또는 AI의 출력과 대응에 대처할 수 있는 지식과 체험을 가지자는 의견이다.

이러한 생각은 많은 영업 조직의 실태에 대한 문제 제기를 통해 생겨났다. AI나 디지털 기술 활용과 같은 새로운 시도는 젊은 사람들에게 맡기고 자신들은 굳이 이를 시도할 필요가 없다고 판단하는 관리자들이 많다.

보통 관리자가 생성형 AI를 배우지 않는 이유로 내세우는 '강점 살리기, 불필요한 업무 축소, 새로운 분야 장려'와 같은 말은, 마치 부하 직원에게 권한을 위임하는 것처럼 그럴싸하게 들린다. 하지만 관리자가 생성형 AI 활용의 본질을 제대로 파악하지 못하면 장기적 그 조직은 제대로 운영될 수 없다.

혹은 제대로 관리하지 못할 수도 있다. 이 경우 관리자로서 높은 월급을 받으며 그 자리에 있을 이유가 있을까?

관리자는 회사 내에서 생성형 AI에 대한 정보를 가장 많이 알고 있는 사람일 필요는 없지만, 생성형 AI의 장단점이나 리스크에 대해 판단할 수 있는 기초 지식과 관련 경험은 갖추어야 한다.

'관리자보다 생성형 AI를 신뢰하는' 상태는 위험하다

신뢰란 말 그대로 '믿고 의지한다'라는 뜻이다. 이전에 출간한 『(원제) Sales is 科学的に「成果をコントロールする」営業術』에서도 언급한 적이 있는데, 신용과 신뢰는 비슷하지만 다르다.

신용이란 '과거의 실적과 사실'에 대해 행하는 것이고, 신뢰란 신용을 원천 삼아 '이 사람에게 의지해 보자'라는 미래에 대한 행위다. 즉, 신용은 형태적이고 신뢰는 정신적이다.

생성형 AI를 일상적으로 이용하는 조직 관리자가 생성형 AI에 대한 이해와 지식이 없다면 영업 담당자로부터 신뢰받지 못할 위험이 있다.

인텔리전트 세일즈 프로세스를 보편화하고 AI 퍼포머 육성을 적극적으로 추진하면 영업 담당자가 '사전에 생성형 AI로 먼저 대략적인 내용을 조사한' 후에 상사나 관리자에게 상담하거나 보고하는 경우가 늘어날 것이다.

이때 관리자가 직원에게 지시하거나 피드백할 때 입 밖으로 꺼내지는 않지만 영업 담당자는 AI가 제시한 답변과 다르다거나 AI로 조사한 결과는 다른 것이었다고 생각하며 관리자의 결단이나 판단을 의심할 수도 있다.

이런 상황에서 관리자는 자신의 성공 경험만 내세워 지도하거나 조언하고 피드백할 수 없다는 사실을 이해할 필요가 있다. 직원에게 설명할 때 논리적이지 않다면 그들을 설득할 수 없다.

그중에서도 가장 우려되는 점은 '관리자는 감에 의존할 뿐이니 생성형 AI에게 상담하는 게 낫다'고 직원들이 판단한다는 것이다. 그렇게 되면 관리가 제대로 되고 있다고 보기 어렵다.

이처럼 생성형 AI 시대를 맞이한 지금, AI가 제시한 결과물에 대해 토의하고 지도하는 사고방식이 관리자에게 요구된다고 할 수 있다.

영업 조직을 불행하게 만드는 세 가지 '무無' 관리

생성형 AI를 활발히 사용할 때 관리자가 피해야 할 커뮤니케이션을 세 가지 '무無'로 나누어 소개하기로 한다. 바로 무능, 무지, 무모다.

□ 무능

흔히 AI에 의존하지 말고 일단 전화부터 돌리라고 말한다. 애초에 생성형 AI에 대한 이해와 활용의 본질을 전혀 이해하지 못한 무능한 커뮤니케이션이라 할 수 있다.

모르니 인정하지 않겠다며 자신의 지식이나 경험만 내세우는 기득권 의식이 드러나는 것이다.

□ 무지

상사가 본인은 잘 모르니 AI가 시키는 대로 하라고 피드백한다면 어떨까? 그 상사는 아무것도 모르는 사람 또는 본인만의 답이 없는 사람이라고 생각하게 될 것이다. 그러한 커뮤니케이션이 늘어나면 영업 담당자는 더이상 관리자에게 상담하러 오지 않는다.

□ 무모

AI의 답변에 따라 일단 해보고 나서 생각하겠다는 습관 자체를 부정할 생각은 없다. 하지만 이러한 커뮤니케이션이 계속되면 계획 없이 일단 행동하고 보겠다는 일종의 근성론이나 감각론을 드러내는 꼴이 된다.

원래 관리자는 AI가 제시한 결과물에 대해 나름의 견해와 판단을 가지고 계획적으로 일을 진행해야 바람직하다.

AI를 잘 쓰는 조직이 되기 위한 단계별 목표 설정

영업 관리에서는 생성형 AI의 활용뿐 아니라 적절한 목표와 지표를 가지는 일이 중요하다. 그러나 생성형 AI를 활용하는 데 있어 정석적인 목표 설정이나 참고할 만한 정보가 적어 고생하는 현실에 영업 관리자들은 고민하게 된다.

그래서 생성형 AI 활용의 단계별 목적 및 목표의 참고 사례를 소개하기로 한다.

□ 단계 1: 실증 실험 단계([그림 5-1] 참고)

많은 조직이 일단 자신들의 회사에 생성형 AI를 활용할 수 있는지, 활용한다면 어떠한 방법인지를 파악하는 단계를 만든다. 실증 실험 단계에서는 '생성형 AI 활용의 방침 정하기'가 목표이다. 즉 생성형 AI를 시험해 보고 본격적으로 도입할지 말지를 결정한다. 만일 도입한다면 무엇을 위해(Why)/무엇을(What)/어느 조직에(Where)/누가(Who)/언제 혹은 언제까지(When)/어떻게(How)를 정할 필요가 있다.

반대로 말하면 이 방침을 정하기 위해 실증 실험을 한다고도 할 수 있다.

그림 5-1 실증 실험 단계

목적	생성형 AI의 활용 방침을 정한다.
목표	실증 실험 프로젝트에서 생성형 AI를 활용해 비효율적·비생산적인 문제를 해결한 사례를 발견한다.

※ 기준이 되는 정량적인 목표를 설정해도 좋다.

□ 단계 2: 스몰 사이클 단계([그림 5-2] 참고)

새로운 서비스나 개념의 보급이 생산성 및 효율성 향상으로 이어진다 해도 처음에는 영업 현장에 업무만 늘리는 지시가 될 수 있다. 조직 전체가 반발하고 거부해 수습이 어려워지기 전에 특정 부서나 팀에서 성공 사례를 만들어 회사 내에 확산시키기 좋은 분위기를 만들어야 한다.

그림 5-2 스몰 사이클 단계

목적	특정 팀에서 성공 사례를 만든다.
목표	□ 비영업 업무 시간이 10% 줄어든다. □ 영업 미팅

□ 단계 3: 전사 사용의 초기 단계([그림 5-3] 참고)

사내 영업 사원이 생성형 AI를 활용해 성과를 내려면 단계적인 목표가 필요하다. 우선은 영업 사원들이 생성형 AI를 써보는 것을 목표로 하고, 온보딩(익숙해지기 위한 지원) 지표를 만들도록 하자.

 전사 전개 초기 단계

목적	영업직이 생성형 AI를 편리하게 느낀다.
목표	생성형 AI 이용률 90%

※이용률에도 정의가 필요

□ 단계 4: 생성형 AI로 성과를 높이는 단계([그림 5-4] 참고)

생성형 AI를 활용해 전사적으로 어떻게 생산성을 높일지 목표를 설정한다. 가능한 한 정량적으로 모니터링(측정)할 수 있는 목표가 바람직하지만, 매출과 계약 건수의 목표에 얽매일 필요는 없다. 매출과 계약 건수 등을 구성하는 요소에는 생성형 AI의 활용 이외의 노력도 함께 영향력을 발휘하기 때문입니다.

그런 경우에는 영업시간 외 근무 시간을 1인당 평균 10퍼센트 줄이는 등 상태 목표를 설정해도 좋다. 다만 상태 목표라 하더라도 '측정 가능한' 수치의 목표를 설정하는 것이 핵심이다.

 생성형 AI로 성과를 높이는 단계

목적	특정 팀에서 성공 사례를 만든다.
목표	□ 비영업 업무 시간이 10% 줄어든다. □ 영업 미팅 건수를 생성형 AI 도입 전 평균 월별 건수의 120%로 잡는다.

□ 단계 5: 개인 맞춤 단계

AI 활용이 일상적인 습관이 된 후 생성형 AI를 활용한다는 그 '수단'을 목표로 두지 않고, 본래 목적으로 돌아가서 목표를 '개인별로 맞춰' 설정하도록 한다.

지금은 영업 사원마다 생성형 AI의 활용 능력에 큰 차이가 난다. 그러므로 영업 조직과 영업 관리자는 각자 AI 활용 수준에 맞춰 목표를 설정해야 한다. 개개인의 영업 목표를 달성하기 위한 수단이나 주요 목표가 아닌 보조 목표나 도전 목표에 AI 활용이 포함되는 방식으로 말이다.

생성형 AI의 활용은 '2년 후 약속을 지키기' 위한 투자

어디까지나 나의 예상이지만, 아마도 2년 후쯤에는 생성형 AI를 얼마나 잘 활용하는지에 따라 영업 조직의 경쟁력이나 실적에서 '확실한 차이'를 드러낼 거라 생각한다.

물론 이 가설에는 근거가 있다.

2023년은 생성형 AI를 일상적으로 이용하는 영업 담당자가 고작 11퍼센트에 불과했다. 현실적으로는 실증 실험, 그리고 사용률 향상에 중점을 둔 기업이 많은 듯하다. 다만 이 11퍼센트 이외의 기업 중에는 생성형 AI 사용이 아직 보편화되지는 않았지만, 일부 조직에서 시범적으로 운용을 시작했거나 TF팀 등을 꾸려 실증 실험을 하거나 가이드라인을 만든 곳도 있다.

그러한 전제에서 생각한다면 이 책이 출간될 이후로는 생산성과 효율성 향상을 지향하는 기업이 많아질 것이다. 그런 의미에서 과거와 비교해 '영업 조직의 효율과 생산성 향상을 실현'했다는 뉴스로 업계가 떠들썩해지리라 예상된다.

이는 제3장에서도 설명한 바와 같이 구인 활동에 생성형 AI와 테크놀로지를 적극적으로 도입한 기업이 우위를 점한다는 데이터를 통해서도 가설을 세울 수 있다.

하지만 이 책을 집필 중이던 2023년 12월 말에는 생성형 AI를 사용하는 영업과 그렇지 않은 영업의 성과가 2~3배 차이가 난다는 소식은 많이 들려오지 않았다. 1년이 지난 2024년 말에 회사 차원에서 놀랄 정도로 차이가 나느냐고 묻는다면 아직은 시기상조가 아닐까 한다(특정 행위나 시간이 2분의 1로 줄어드는 것 정도는 된다고 생각한다).

다만 앞으로도 계속 진화하리라는 사실을 전제로 했을 때, 2025년 말에는 생성형 AI 자체의 똑똑함이나 편리성은 훨씬 발전하게 되지 않을까 생각한다.

그렇게 되면 그때는 영업 조직에서 생성형 AI 활용이 표준화되고 생성형 AI 자체도 진화해 매출 실적의 눈부신 향상과 생산성이 높아지는 사례가 늘어날 것이라고 본다.

또한 그때부터는 기업들도 위기감을 느끼고 생성형 AI를 도입해야겠다고 결심할 수 있다.

하지만 막상 도입하려고 하면 이미 진화한 AI의 세계에서 무엇부터 해야 할지 모르겠다거나 지금부터 생성형 AI를 이용하더라도 이미 사용 중인 기업을 따라잡으려면 시간과 비용이 너무 많이 든다는 현실을 맞닥뜨릴지도 모른다.

그렇기에 2년 후에 시작하는 건 너무 늦다. 바로 지금이 미래의 경쟁력을 손에 넣기 위해 '2년 후 약속을 지키는' 투자를 해야 할 때다.

따라서 단기적인 성과나 업적과 직접적으로 연결되지 않더라도 다가올 미래에 대비하기 위해서는 생성형 AI를 활용해야 한다. 또한 생성형 AI가 완전히 자리 잡을 때까지는 리더와 관리자가 끈기 있게 사용을 촉구해야 한다고 생각한다.

생성형 AI 활용을 전제로 한 기업의 중기 경영 계획을 들여다보면 아마 생성형 AI라는 단어가 여기저기 등장할 것이다.

6장

'선구자에게 배우는' 인텔리전트 세일즈 프로세스

지능적인 영업 프로세스는 '이미' 시작되었다.

많은 기업이 생성형 AI로 영업 프로세스를 만들고 있다.

그러나 아직 우리 귀에 그 구체적인 활용 실적이나 성공 사례가 들려오고 있지는 않다. 애초에 경쟁 회사와 차별화하거나 고객이 자신의 회사를 선택해야 하는 이유를 만들기 위해 생성형 AI를 도입했기 때문일지도 모른다.

성공한 사례나 방법을 공개한다면 경쟁력을 가지기 위해 노력한 의미가 없어지기 때문이다.

그렇다면 어느 회사든 영업 생산성은 제자리걸음을 할 수밖에 없다.

이 장에서는 생성형 AI를 활용해 'AI 퍼포머' 육성과 '인텔리전트 세일즈 프로세스' 도입이 조금이라도 성공에 가까워질 수 있도록 이미 도입한 두 사례를 소개하고자 한다.

하지만 기업마다 체제와 배경이 완전히 똑같을 수는 없다.

생성형 AI에 대한 개념이나 받아들이는 법을 배워 이해도를 높이고 이를 통해 영업 조직이나 영업 프로세스에 활용해 나아가야 할 것이다.

'선구자에게 배우는'
인텔리전트 세일즈 프로세스

사례 ① 딥 주식회사 DIP Corporation

첫 번째로 딥 주식회사가 도입한 영업 × 생성형 AI 사례를 소개하기로 한다.

2023년 8월, 영업과 생성형 AI라는 분야와 관련해 업계에 화제를 불러온 뉴스가 있었다.*

'baitoru'**라는 인재 파견 서비스로 유명한 딥 주식회사는 최근 DX 사업에도 진출했다. 영업직이 대부분이라 영업에 강한 회사로

---

* 그 기사의 제목은 "(원제) 200以上のテンプレート '250名のアンバサダ-ディップ' 社員3000名のAI活用を目的とした「dip AI Force」を始動"이었다.
** 일본의 아르바이트 구직 사이트. 한국의 '알바몬', '알바천국' 등과 비슷하다.
　　— 옮긴이 주

인식하는 사람들도 많다.

이처럼 영업직 위주로 사원 수 3,000명이나 되는 회사가 생성형 AI 활용 프로젝트를 시작한 셈이니 당연히 큰 주목을 받았다.

심지어 8월 8일에 발표한 뉴스에 따르면 시범 운영에 그치는 게 아니라 250명이나 되는 AI 홍보대사를 전사적으로 배치해 약 3,000명이나 되는 전 직원이 AI를 활용할 수 있게 하겠다고 발표했다. 영업 사원의 사무 업무 시간을 약 60퍼센트 정도 줄이고 영업 미팅의 질을 높여서 3년 안에 영업 생산성을 1.8배로 끌어올리겠다는 구체적인 목표까지 설정했다.

아직은 생성형 AI를 활용한 AI 퍼포머 창출, 인텔리전트 세일즈 프로세스의 활동 보고와 성과 사례의 정보가 적기 때문에 딥 주식회사의 움직임은 매우 중요하다고 할 수 있다.

여기에 대해서도 참고 정보로서 아래와 같이 공유하도록 한다.

취재 응답자: dip AI Force 책임자 고이케 사토시 님

□ 업무 내용

딥 주식회사는 'Labor force solution company'라는 비전을 내세우고 저출산·고령화로 인한 노동력 감소와 선진국 중에서도 크게 뒤떨어지는 낮은 생산성을 해결하기 위해 인재 서비스 사업(구인 정보 서비스, 간호 및 요양 인력 소개), DX 사업을 시작하였다.

□ 조직 체제

20명으로 이뤄진 프로젝트 팀 'dip AI Force'를 만들어 8월 8일에 정보를 공개했다.

'dip AI Force'는 '현장주의', '속도', '전사적 조직'이라는 콘셉트로 AI 활용을 추진하는 조직이다.

AI 활용에 대한 교육을 받은 250명은 홍보대사로서 모든 부서에 배치되고, 현장 직원들과 함께 '챗GPT'의 프롬프트 작성 등을 진행하고 있다. 이미 약 3,000명에 이르는 직원(내근 영업직 약 2,000명) 중 약 60퍼센트가 일상적으로 AI를 활용하여 업무를 처리하고 있다. 현장주의를 통해 AI 활용을 추진하고 생산성 향상을 위해 노력하고 있다.

□ 생성형 AI를 활용한 실제 사례

회사 직원들은 대부분 업무용 메신저로 커뮤니케이션을 한다. 이처럼 평소 직원들이 사용하는 업무용 메신저에서 생성형 AI를 이용할 수 있다면 생성형 AI 활용을 보편화하기 위한 진입장벽이 낮아지게 된다.

생성형 AI를 활용하는 시도로 직원들에게 '늘어나거나 새로 부과되는' 부담을 주는 것이 아니라 늘 하던 일이 '없어지거나 줄어든다면' 업무 효율도 높아지고 영업 품질도 개선될 수 있다.

여기서 시도한 방법은 업무용 메신저에서 생성형 AI를 이용할 수 있도록 챗봇을 개발하여 API와 연동하고 실제 업무에 적용한 것이다.

그 결과, 모든 직원이 볼 수 있는 채널(채팅방)에서 대화하는 것처럼 생성형 AI를 이용할 수 있게 되었다. 이 그룹 채팅에서는 평소부터 다양한 직원들이 생성형 AI와 대화를 거듭해 영업에 도움이 되는 정보를 수집하거나 영업을 편리하게 하기 위해 프롬프트를 개발하고 있다.

정보가 필요한 사람은 물론 그 이력과 대화를 보는 것만으로 직원들의 생성형 AI 활용 능력은 높아지고, 편리한 프롬프트와 정보가 끊임없이 시스템 안에 모여들게 된다.

그중 생성형 AI를 활용한 영업 롤플레잉(모의 미팅) 방식이 크게 확산되었다.

공개 채팅방에서 모두가 다양한 조건으로 시험하거나 프롬프트를 만들어 갱신하니 그 정확도가 점점 올라가게 되었다. 그래서 너도나도 시험해 보고자 몰려든 것이다. 고객 상태를 상당히 세세하게 설정하고, 롤플레잉의 평가 항목과 조건을 상세하게 설정하니 실용적인 롤플레잉 시스템을 갖출 수 있게 되었다.

현재는 이 시스템이 더욱 진화하여 고객 유형별, 상황별 롤플레잉 사례를 작성할 수 있게 되었고, 이는 다양한 분야의 개발로도 이어졌다.

□ **생성형 AI 이용 전후 비교**

이제까지 영업 사원은 선배 혹은 상사와 함께 영업 미팅을 연습해 왔다. 하지만 AI와 음성으로 롤플레잉을 할 수 있게 되면서 상대역을 맡았던 사람의 일이 줄어들었고, 동시에 본인도 스스럼없이 미팅 연습을 할 수 있게 되었다.

상대역을 맡았던 사람은 1인당 월평균 10시간 정도 시간을 줄일 수 있다.

대면 롤플레잉에서는 주로 상대역의 지식과 경험을 기반으로 하거나 자주 발생하는 상황을 반복해서 연습한다고 한다.

하지만 상대방이나 시간, 장소에 구애받지 않는 생성형 AI와의 롤플레잉은 고객 방문 전에 업계나 고객을 모의 상정해 역할극을 할 수 있기 때문에 조기 효과를 기대할 수 있다.

또한 이전에는 피드백 내용이 상대방이 가진 지식의 양이나 영업 스타일에 따라 '차이'가 발생했었지만, 생성형 AI는 상호작용을 하기 때문에 피드백은 늘 일정한 정확도를 담보할 수 있고 생산성도 높아진다.

□ **구체적인 성과**

딥 주식회사는 지금까지 거론한 대화형·생성형 AI는 물론 AI를 활용한 다양한 서비스를 적극적으로 활용하고 있다. 예를 들어, AI 회의록 및 영업 미팅(타사 개발) 툴을 활용하니 미팅 보고하는 시간이 80퍼센트나 줄고, 미거래 기업과 미팅 잡는 비율이 80퍼센트나 증가했다는 식이다.

영업 미팅 시간을 확보하거나 생성형 AI을 활용해 업계 지식과 정보를 모았을 때 호텔 업계 등 특정 분야와의 계약 수주율이 300퍼센트 개선되었다는 보고도 있다.

게다가 생성형 AI의 활용은 타사 제품에만 그치지 않는다. 딥 주식회사는 구인 정보를 취급하는 회사이므로 매일 원고를 작성한다. 그래서 '아이펜AIPen'을 자체 개발했다. '아이펜'을 이용해 작성하는 데에 월 1,000시간 이상의 시간을 아낄 수 있게 되었다.

마찬가지로 구인 원고 내용 검수 툴*을 개발하여 해당 내용 검수 작업량을 약 70퍼센트 정도 줄였고 업무가 증가하여도 처리할 수 있는 시스템도 만들 수 있었다.

(※ 이 효과는 모두 시범 운영 중인 부서에서 확인하였다.)

□ 향후 전망

2023년 4월부터 '사람'이 하던 업무 대부분을 대체할 수 있는 생성형 AI 기술에 누구보다 빠르게 주목하고, 인재 소개 서비스의 수익 구조를 쇄신하기 위한 〈AI 인텔리전트 사업〉 개발을 시작했다.

'대량의 구인 정보 중에서 검색하고 고르는' 방법에서 '대화하며 잘 맞는 일을 찾아낼 수 있는' 방법으로 진화시켜 채용률을 대폭 향

* 최저임금을 확인하거나 차별적 용어를 사용하지 않는지 등을 검사하는 툴인 'KENSER'를 말한다. — 옮긴이 주

상시키는 것을 목표로 하고 있다.

이를 위해 AI 전략의 전문가 집단인 도쿄대학 마쓰오 유카타 연구실의 성과 활용형 기업 주식회사 마쓰오 연구실과 연계해 공동 연구를 진행하는 등 조기 실용화를 위해 개발에 힘쓰고 있다.

사례 ② 주식회사 셀레브릭스

B2B 영업 대행은 셀레브릭스의 주력 사업 중 하나다.

영업 활동을 할 때 영업 프로세스의 일부 혹은 전부를 셀레브릭스의 영업 인재가 대신해주는 서비스로, 인력 부족과 영업 노하우 미흡을 해소할 수 있다.

셀레브릭스는 생성형 AI를 활용해 영업 활동 프로세스를 대행하는 프로젝트를 확대해 나가고 있다. 그중에서도 인사이드 영업(비대면 영업)의 성공 사례에 대해 소개하고자 한다.

15분 안에 이 영업 방식을 특별하다고 느끼게 하는 생성형 AI 활용: CEREBRIX의 영업 대행 프로젝트 사례

□ **상품 개요**(영업하는 제품과 품목)

- 동영상 매뉴얼 프로그램(셀레브릭스가 지원한 영업 대행 사례)

- 매뉴얼이 필요하거나 자주 바뀌는 기업, 그리고 초기 교육이
  필요한 기업이 목표

- 노동력이 필요한 기업이 타깃이다(제조업·소매업·물류업·음식업·
  식품업).

- 업계, 직원 등과는 상관없이 불특정 다수의 기업에 영업할 수
  있다.

□ 조직 체제

- 영업 활동, 영업 프로세스에서 영업 미팅 일정 확정까지와 그
  이후를 나누었다.

- 영업 미팅 일정 확정까지 인사이드 영업의 역할을 셀레브릭스
  가 대행한다.

- 확정된 일정을 클라이언트의 필드 영업(방문 영업 담당)에게 넘
  긴다.

□ 생성형 AI를 활용한 실제 사례

셀레브릭스는 생성형 AI를 활용해 영업 미팅 일정 확정이라는 생
산성을 높이기 위한 실증 실험을 시작했다. 이는 인사이드 영업을 지
원하는 프로젝트다.

구체적으로는 인사이드 영업을 할 때, 인바운드 영업으로 획득한
잠재 고객 정보과 관련한 커뮤니케이션SDR(Sales Development Rep.)에서

짧은 시간 내에 고객이 '이 영업(회사)은 우리 업계에 대해 잘 알고 있다'라는 신뢰를 갖게 하기 위해 생성형 AI를 활용했다.

인바운드 영업에서의 인사이드 영업은 초기 대응 속도와 응답 대응이 고객의 평가와 체험 가치에 직결된다고 한다. 또한 잠재 고객 Lead의 정보에는 방금 문의를 한 고객뿐 아니라 전시회에서 명함을 교환한 기업이나 자료 등을 홈페이지에서 다운로드한 고객도 포함되어 있다. 이러한 고객은 초기 대응이 늦으면 이야기가 진전되지 않거나 다른 회사와 논의를 시작해 버리므로 사업적으로 손해를 보게 된다.

그리고 고객의 업계에 대해 정통하거나 가설을 세워 의사소통에 나서야 한다. 그렇지 않으면 고객은 일단 명함만 교환했을 뿐이라거나 정보 수집차 자료를 다운로드했을 뿐이라는 태도를 좀처럼 바꾸려 하지 않는다.

따라서 여기서는 인바운드 영업을 통해 확보한 잠재 고객과 의사소통하는 인사이드 영업 담당자(SDR)를 생성형 AI의 활용으로 업계 지식을 습득해 '업계 상식을 파악한' 독특한 영업 담당자로 만든 사례를 소개하고자 한다.

□ 생성형 AI 이용의 전후 비교

결론부터 말하자면, 고객에게 연락한 이후로 영업 미팅을 잡을 확률이 3.3퍼센트 향상되었다. 신규 영업의 영업 미팅 획득률이 3퍼센트 이상 높아졌다는 사실이 갖는 의의는 대단히 크다.

가령 한 명의 영업 담당자가 하루에 열 명의 핵심 담당자에게 연락했다면 3건의 약속이 늘어난다는 식이다.

이 계산대로라면 한 달에 20건, 1년에 240건의 영업 미팅이 늘어난다는 계산이 선다. 고객 평균 단가가 연간 200만 엔*인 상품을 취급한다고 했을 때 영업 미팅 수주율을 10퍼센트로 계산하면 (240건의 미팅×수주율 10퍼센트)×평균 단가 200만 엔=4,800만 엔**의 매출이 향상된다는 잠재력을 숨기고 있는 셈이다.

〈이용 전〉

생성형 AI를 이용하기 전까지 영업 담당자는 인바운드 영업으로 확보한 잠재 고객의 정보를 짧은 시간 내에 홈페이지 등을 통해 조사하고 가설을 세운 다음에 연락을 취해야 했다.

그러나 단기간에 조사한 정보에는 한계가 있다. 그래서 실제로는 일반적인 대화 내용을 바탕으로 영업 미팅을 진행하는 경우가 대부분이다.

결과적으로 보면 이는 빨리 대응할 수는 있겠으나 고객에게 '이야기가 통하는 특별한 존재'가 되지는 못했다.

고객사마다 확실하게 준비하고 조사한 뒤 연락하려고 하면 상당

* 약 2천만 원.
** 약 4억 8천만 원.

한 시간이 걸리고, 고객이 만족할 만한 신속한 대응과 응답을 할 수 없게 된다.

원래 가장 이상적인 순서는 업계 정보와 업계 트렌드의 이해→업계의 매뉴얼이나 교육 정보 수집→문제를 발견하거나 예상되는 문제의 가설 구축→제공하는 서비스가 도움이 될 거라는 이유에 의미 부여이다.

하지만 업계에 특화된 서비스가 아니라는 점, 인바운드 영업을 통해 대응한 탓에 영업이 타깃 업계를 한정하기 어렵다는 점은 고객을 명확하게 이해하는 데 걸림돌로 작용했다.

〈이용 후〉

이러한 문제는 생성형 AI 활용과 프롬프트로 해소했다.

프롬프트에 고객의 입장을 예측한 역할을 수행하도록 설정해 예상되는 과제와 업계 고유의 용어를 효율적으로 파악하고 수집할 수 있게 되었다.

제조업을 예로 들어보자. 유리 등을 만드는 회사와 연락할 때 '오토클레이브Autoclave라는 유리 제조 장비가 있다. 이를 이용하려면 어떠한 기술이 필요한가. 지도자의 입장에서 대답하라'라는 질문을 던져 고객의 입장에서 주의해야 할 사항이나 용어를 선택할 수 있게 되었다.

결과적으로 보면 인사이드 영업 담당자는 고객 반응을 이끌어 낸 후 정보 입력 시간을 10분 안에 끝내고, 더 빨리 고객 응대에 집중할 수 있었다.

이처럼 고객의 상황과 공통된 언어를 활용하면 연락을 취한 뒤 대화를 주고받는 기회가 더 늘어나거나 고객 반응이나 분위기가 확실히 좋아진 것을 느낄 수 있다.

그리고 영업 미팅 성사율은 생성형 AI를 활용하기 전과 비교했을 때 3.3퍼센트 향상하였다.

7장

인간다움과 생성형 AI

그럼에도 역시 '인간다움'이 모든 것을 좌우한다.

노동 인구가 감소하는 상황 속에서도 높은 목표를 이루기 위해서는 영업 생산성을 향상시키기 위한 업무 프로세스의 개선이 필요하다.

지금까지 그 방법 중 하나로, 영업 프로세스에 생성형 AI를 도입하여 지능적이고 효율적으로 만들 수 있다고 설명했다.

그러나 이러한 생성형 AI의 등장으로 '인간다움'은 사라졌을까? 사실은 그렇지 않다. 오히려 초인공지능 시대가 다가올수록 우수한 AI 퍼포머는 '인간다움 또는 인간미'로 승부를 보게 될 것이다.

제7장에서는 이러한 AI 시대에 고객이 나를 선택하게 하는 정서적인 부분과 인정人情적인 개념에 대해서도 다뤄보고자 한다.

'지능적이고 효율적인 영업'이라는 결과는 꼭 지름길에만 있는 것이 아니라, 언뜻 보기엔 멀리 돌아가는 길처럼 보이는 행동과 태도의 끝에도 존재할 수 있기 때문이다.

인간다움과
생성형 AI

'발로 뛰는 영업'에 미래가 있을까?

'영업'과 '판매'는 종종 AI로 대체될 가능성이 높은 직무로 언급되기도 한다. 앞서 다뤘듯이 앞으로의 영업직에게 요구되는 능력에 생성형 AI와 기술을 결합해 뛰어난 활동 결과를 보여줄 수 있는 사람이 중요시되는 건 기정사실이나 다름없다.

하지만 원점에서 생각해 보자면 지능은 목표 달성을 위한 수단에 불과하다.

영업 조직이나 경영자는 늘 '결과로 보여주는 영업'을 요구한다. 그리고 고객은 '결과를 보여줄 수 있는 상품(서비스)을 제공하는 영업'을 원한다.

이러한 관점에서 말하자면 똑똑하게 결과를 내지 못하는 영업이 훨씬 나쁘다. 아니, 그렇다기보다는 '결과를 보여주지 못하는 (결과로 이어지는 행동과 프로세스를 시행하지 못하는) 영업'은 똑똑하다고 보기 어렵다. 비싼 옷을 입고 한껏 꾸민들 우아한 몸짓이나 품성 있는 행동, 매력적인 화법을 구사하지 못하는 사람을 똑똑하다고는 생각하지 않을 것이다.

부디 이 책을 읽은 다음에는 겉만 번지르르한 '용두사미식 영업'에서 졸업하기를 바란다.

3K 영업이 차별화 전략으로

감, 경험, 근성의 3K 영업, 이른바 땀 냄새를 풀풀 풍기며 발로 뛰는 영업에는 미래가 없을까? 나는 이러한 영업이 '사라질 것'이라고 단정지을 수 없다고 생각한다.

나는 '계획 없는' 3K가 문제지만, 3K의 방식 자체는 좋은 면도 있다는 결론을 내렸다.

3K 영업의 대전제인 '요행'을 바라며 무작정 영업에 나서는 행위 자체는 나 역시 부정적이다.

다만 한 특정 고객과 계약을 맺기 위해서는 '땀 냄새를 풍기며', '발로 뛰어야 하는' 일도 분명히 필요하다.

결국 고객의 마음을 움직이기 위해서는 고객에게 도움을 주고 싶다는 영업 사원의 진심이 전달되어야 한다는 사실은 변함이 없다. 이는 법인 영업도 마찬가지다.

고객 입장에서는 진심으로 늘 신경 써주는 영업 사원과 그렇지 않은 영업 사원을 비교했을 때, 결국 마지막에 선택하는 사람은 '얼마나 내게 진심을 다했는가'라는, 어찌 보면 합리적인 판단을 넘어선 인간관계를 바탕으로 선택할 수 있다.

신기하게도 그렇게나 싫어하는 '발로 뛰는 영업'이 오히려 고객한테 선택받는 이유가 될 가능성도 숨겨져 있는 것이다.

✔ POINT

☐ 올바른 목표물에 열정을 다하고자 발로 뛰는 일도 필요하다. 이는 '투자'다.

☐ 다만 제공 가치를 발견하지 못하는 목표물 외의 고객에게 무턱대고 영업하는 일은 '낭비'이자 민폐 행위다. 즉 발로 뛰느냐 아니냐의 문제가 아니다. 고객 탐지(니즈가 있는 올바른 목표물을 찾는 일)를 제대로 하지 못하는 '임기응변식' 영업이 나쁜 것이다.

구매하는 사람도 '3K'다

앞에서도 이야기했지만, 아무리 법인이라 하더라도 합리적인 판단만으로 구매 결정을 내리기란 매우 어렵다. 또한 성공적인 구매 가능성을 높이기 위해(구매의 불안함을 제거하기 위해) 영업 사원의 태도나 열정도 고려 요소에 포함할 가능성이 있다.

회사에서는 구매를 검토하는 일도, 구매를 결정하는 일도 어떤 한 사람의 문제의식이나 생각, 그리고 열의에 의해 진행된다.

사는 사람 입장에서도 생각해 보자.

법인 조직에 속한 사람이 구매 경험이 없다면 구매자의 입장과 기분을 알아 두면 좋다. 기업에서 구매 결정을 추진하고 건의하는 일은 우리가 생각하는 것보다 훨씬 '복잡하고 막중한' 일이다.

☐ 원래 과제는 산처럼 쌓여있다. 전부 해결하기는 힘들다.

☐ 그 문제와 과제를 해결해야 한다고 드러낸 이상, 무시할 수 없다.

☐ 회사에서는 문제와 과제에 대해 건의하거나 손을 든 사람에게 일이 돌아간다(부담이 크다).

☐ 영업 제안 이외에도 과제를 공략할 수 있는 방법은 많다.

☐ 기업 내에서 도입에 관해 의사결정을 하려고 하면 높은 확률로 반대하는 사람이나 발목을 잡는 사람이 등장한다.

☐ 도입했어도 생각보다 이용하지 않는다. 또는 /제대로 작동하지 않거나 개선되지 않는다.

☐ 실패했을 때 책임을 지게 되거나 입지가 좁아진다.

위의 내용은 일례일 뿐이지만, 구매 검토의 추진과 의사결정이 '중요하다'라는 사실은 충분히 이해할 수 있다.

구매자도 자신의 회사 문제나 과제와 비교하면서 논리적이고 객관적인 판단을 내리려고 한다. 하지만 구실만으로는 구매나 도입이 제대로 될 리 없으므로 결국에는 3K(감, 경험, 근성)적인 검토와 의사결정에 의존하게 된다.

이 영업과 제안을 믿으려는 〈직감(감)〉이 작용했고 경험이 있으니 더 좋은 의사결정을 내릴 수 있다.

또한 반대 의견을 밀어내거나 협력자를 모으는 활동 등 도입 후 정착을 위해서는 〈끈기(근성)〉가 중요하다. 그리고 일련의 과정을 결정해 움직이게 하는 것은 〈각오(기합)〉다.

구매하는 쪽은 생각보다 3K(감, 경험, 근성)를 근거로 하여 판단 또는 행동하고 있다. 이러한 상황 속에서 영업만이 최첨단 기술을 도입하는 일은 균형이 맞지 않는다.

✓ POINT

- ☐ 감, 경험, 근성이라는 말은 부정적으로 들릴 수 있지만, 알고 보면 단순히 어감 때문일지도 모른다.
- ☐ 특별함을 갖고 싶다면 '땀 냄새가 난다'라는 표현에 어울리는 행동이 필요하다.
- ☐ <감>은 날카롭게 갈고 닦은 직감과 미의식, <근성>은 해낼 수 있는 힘과 끈기, 포기하지 않는 정신, <기합>은 진심이나 각오, 사명감을 뜻한다.
- ☐ 이 세 가지 요소가 얼마나 중요한지는 다들 이미 알고 있다.

3K 영업은 사라지지 않는다, 단지 상황이 바뀌었을 뿐

이 책에서 다루는 지능적인 영업 프로세스를 지향하는 '인텔리전트 세일즈 프로세스'나 생성형 AI, AI 퍼포머를 육성한다고 해서 3K가 사라지지는 않는다.

생성형 AI가 제시한 창작물이나 콘텐츠를 선택하는 것은 결국 사람이다.

그 판단 기준은 과거 경험이나 미의식, 옳고 그름을 기준으로 마지막에는 직감에 의존해 결정을 하게 된다.

그리고 생성형 AI로부터 이상적인 답변을 이끌어내기 위해 '익숙해지고' '습관화'하는 데 근성과 기세가 필요하다.

지금까지 생성형 AI 없이도 어떻게든 해결해 왔으니 새로운 습관과 활동을 일반화하기 위해서는 근성, 기세 모두 중요하다. 많은 사람들이 도중에 좌절하고 포기하지만, 오히려 지능적으로 영업을 하는 건 강한 열의를 가진 3K 영업의 추진자일지도 모른다.

나도, 우리 회사인 셀레브릭스도 모두 '영업을 과학처럼' 하기 위해 노력 중이다. 영업이라는 직업, 기술, 활동을 체계적으로 받아들이고 재현성을 가지게 하는 일이 목표다.

이 '과학'이라는 단어를 들으면 품격 있고 스마트해 보인다. 하지만 실제로는 어떨까?

영업이라는 틀에서 벗어나 상상해 보도록 하자.

우리가 생각하는 '과학자'는 직감을 활용해 다양한 실험을 하고 있는가? 몇 번을 넘어져도 포기하지 않는 마음으로 시행착오를 거치며 실증 실험에 도전하고 있는가? 방대하고 장대한 주제에 대해 사명감과 탐구심을 가지고 내가 해결하겠다는 열정으로 일을 하고 있는가? 아마도 답은 모두 'Yes'일 것이다.

그렇다. 과학의 길은 땀 냄새 가득한 가시밭길 그 자체다.

그러한 점에서 봤을 때 굳이 과학이라는 과장된 표현을 사용하지 않아도 구조mechanism라는 말로 바꿔 말할 수 있다.

품격 있고 스마트하다는 말은 과학적으로 분석된 결과와 상태를 가리킨다. 그 과정이나 결과를 만들기 위한 프로세스에는 3K를 갖춘 사람이 꼭 필요하다고 본다.

다시 한번 말하지만, '계획 없는' 3K가 문제인 것이지, 3K의 방식 자체는 좋은 것이다.

영업은 전문화 시대로, 요구되는 새로운 영웅의 등장

영업직의 미래에 초점을 맞추어 생각해 보자.

흔히 생성형 AI의 등장으로 화이트칼라의 직업이 줄어들고(AI에게 맡겨지고) 더 인간다운 일이 살아남는다고 한다. 영업의 세계에서는 어떻게 생각해야 할까.

나는 '생성형 AI를 사용할 수 있는 영업과 그렇지 않은 영업'이라는 이분법적 사고로 받아들여서는 안 된다고 생각한다. 사용할 수 있는 사람만이 살아남을 리 없고, 생성형 AI의 사용을 권장하지 않는 영업도 분명 있을 것이기 때문이다.

애초에 이러한 이분법적 사고를 갖게 된 이유도 영업직을 하나의 커다란 '집단'으로 생각하는 고정관념이 있기 때문인 듯하다.

다음 [그림 7-1]을 보자. 이 그림은 영업이라는 직업의 '역할'을 비교하면서 정리한 것이다.

그림 7-1 **영업직 분류의 예**

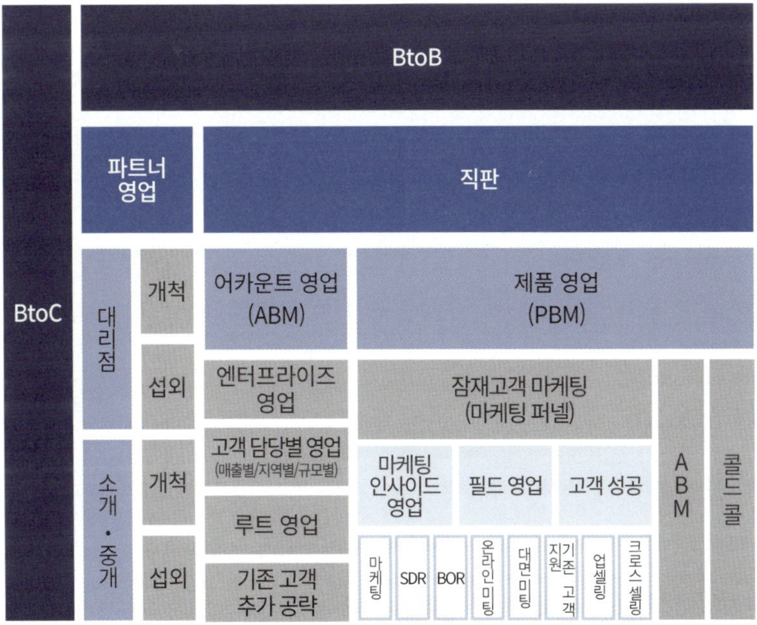

자료: 주식회사 셀레브릭스 <고객 개척 방식™> 발췌

〈B2C(개인) 영업〉과 〈법인 영업〉처럼 그 결과의 계층이 같은 것끼리 분류하여 표시했다. 원래 B2C 영업 외에 B2G(공공기관 영업) 등도 비교 대상에 있어야 하지만 여기서는 제외했다.

법인 영업의 계층에서 대비 구조를 만들어 본다고 한다면 〈파트너 영업〉과 〈직판 영업〉으로 구분해볼 수 있다.

대리점을 통하느냐 고객사에 직접 영업하느냐. 이 두 가지 사실만 놓고 비교해 보아도 요구되는 성질이 전혀 다르다는 것을 예상할 수 있다.

그럼에도 영업론이나 경력은 '영업이란 ○○해야 한다'라는 매우 추상적인 주제 아래서 논의된다. 이는 스포츠 경기로 치면 '육상 경기' 정도의 주제로 직업을 이야기하고 있는 셈이다.

육상 종목에서도 단거리 달리기나 포환던지기는 사용하는 근육이나 훈련 내용이 전혀 다르다. 이는 중학생도 알 수 있는 사실이다.

'영업'이라는 직업이 체계적으로 조사되고 연구되지 않았던 이유 중 하나는 영업이라는 직업을 세분화Chunk down(큰 개념을 세세하게 나누는 일)하여 조사하고 비교하고 실험하고 구조화할 수 없었기 때문이라고 생각한다.

셀레브릭스 영업 종합 연구소에서는 이 블랙박스화된 영역을 명확하게 밝히기 위해 '직종별 영업 기술 조사 보고서'를 작성해 홈페이지에 무료로 공개했다. 개인 정보 입력 등의 절차 없이도 열람할 수 있으니 꼭 한번 읽어보기를 추천한다.

이야기의 주제로 돌아가 보자.

나는 모든 '영업직'에게 생성형 AI의 활용 능력이 요구된다고 생각하지 않는다. 앞서 이야기한 것처럼 영업직을 세분화한다면 생성형 AI가 활약하는 크고 작은 상황이 상당수 발생할 것이다.

기존 고객과 관계를 만드는 영업과 신규 고객을 찾아내는 영업을 예로 들어보자. 어느 영업이 생성형 AI가 더 도움이 될까 묻는다면 아마도 새로운 고객을 찾는 영업일 것이다.

왜냐하면 매번 다른 고객과 영업 미팅을 해야 하므로 제3장에서 설명한 영업 미팅 준비나 조사할 기회가 많기 때문이다.

또한 관계 형성 영업에서는 지금까지 쌓아온 관계를 바탕으로 직접 대면할 수 있기 때문에, 생성형 AI로 조사하는 것보다 '고객에게 직접 묻는' 편이 더 개인적이고 현실적인 정보를 확보할 수 있다.

다만 기존 고객을 대상으로 하는 영업이라고 해도, 지금까지와 다른 부문에 새로 영업을 하거나 기존에 제공해 온 제품과는 다른 새로운 상품이나 서비스를 제안해야 한다면, 새롭게 조사하거나 짐작할 수 있는 정보도 필요하다. 이러한 경우에 생성형 AI의 도움을 받는 일이 늘어나게 된다.

마찬가지로 특정 업계에 특화된 영업직인지 여부도 생성형 AI 활용 빈도에 영향을 준다고 할 수 있다.

특정 업계만 전문으로 하는 서비스를 제안하는 영업 사원과, 업계를 불문하고 불특정 다수의 사용자를 대상으로 하는 서비스를 제안하는 영업직이 있다고 한다면, 누가 더 생성형 AI를 유용하게 활용할까? 바로 '업계를 불문하고 불특정 다수의 사용자를 대상으로 하는 영업직'이다. 이들이 생성형 AI를 활용해 낸 성과는 매우 충격적으로 다가올 수도 있다.

예를 들어 초고령사회에 접어든 일본의 경우, 액티브 시니어Active Senior라 불리는 고령층의 소비 및 구매 시장이 자리를 잡아가고 있다. 이에 따라 고령자를 대상으로 하는 영업직도 늘어날지도 모른다. 그러한 환경에 필요한 영업 방식이 생성형 AI를 100퍼센트 활용하는 인텔리전트 세일즈냐고 묻는다면 그건 아니라고 생각한다. 구매자의 특징에 따라서도 '받고 싶은 영업'과 '원하는 영업'은 다르기 때문이다.

이처럼 소속 업계나 영업 종류, 고객 특징에 따라 '이상적인 영업 모습'은 다르다.

다시 언급하자면 세분화된 영업 세계에서는 활약하는 영웅상이 각자 다르다고 할 수 있다.

사실 영업/영업 미팅 외 분야에서도 이와 비슷한 '잘못된 영웅상'이라는 현상이 일어나고 있다. 가장 알기 쉬운 예가 바로 채용(이직)이다.

이직 전에는 우수 영업 사원이었던 사람이 다른 분야의 영업에 취직하게 되면 기대 이하의 성과를 내기도 한다. 이전 직장에서 고객이나 환경의 덕을 봤을 수도 있겠지만, 모두가 꼭 그런 것만은 아니다.

전 직장의 영업 현장과 이직한 곳의 영업 현장에서 요구되는 기술이 너무 다를 수도 있다. [그림 7-2]는 '직종별 영업 기술 조사 보고서'에서 공개한 업계별 요구되는 영업 기술에 대해 비교한 내용이다.

이 자료만 보더라도 제조사 중에서도 화학계 제조사와 주택 설비 제조사에 요구되는 기술 순위가 다르다는 것을 알 수 있다.

화학 계통의 제조사는 최종 소비자를 위한 상품을 만든다. 그러므로 영업처인 소매점이나 판매 대리점에 캠페인 중인 세일 상품을 적극적으로 영업하는 능력이나 매장에서 공격적으로 판매하기 위한 홍보와 교섭 능력이 요구된다.

반면 주택 설비는 누구나 한 번쯤은 반드시 제품을 사용하게 된다는 점에서 경쟁사와의 비교와 우위성을 홍보해야 한다.

다음으로 직종별 비교도 살펴보도록 하자.*

* [그림 7-2]: 셀레브릭스 영업 종합 연구소에서는 7,000명의 영업직을 대상으로 사고 기술/대인 기술/전문 기술로 분류해 정의 및 정리한 총 259개의 기술을 조사하였다. 업계 및 직종별로 요구되는 기술에 어떠한 차이가 있는지 연구했다. 또한 본 자료의 정보와 데이터는 셀레브릭스 영업 종합연구소에 귀속된다. 어떠한 경우도 상업 이용은 금지한다.

3-9: 제조사 | 화학

1위~5위	캠페인 홍보, 신뢰 획득, 정기적인 연락의 합의 형성, 상황 대처 능력, 청취

순위	기술 카테고리	클래스	기술명	Score
1	20_흥미 환기/매력 홍보	전문 기술	325_캠페인 홍보	4.00
2	01_기초 커뮤니케이션 기술	전문 기술	002_신뢰 획득	3.85
3	01_기초 커뮤니케이션 기술	전문 기술	001_정기적인 연락의 합의 형성	3.81
4	03_기초 비즈니스 기술	대인 기술	359_상황 대응력	3.79
5	18_청취/인사이트 파악	전문 기술	107_청취	3.78

화학 제조사는 원료, 중간 소비재, 최종 소비재를 제조해 법인과 개인 모두에게 화학 제품을 제공하고 있다. 또한 제품을 매개로 하는 파트너 등도 여럿 존재하기 때문에 제품 영역에 따라 관계자가 크게 변화한다는 전제가 있다.

이러한 전제를 염두에 두고 '캠페인 홍보'에 대해서 먼저 말하자면 이는 일반 소비자에 대해 '자사 제품이 구매되고 선택받기' 위해 필요한 기술이다. 그리고 제휴 영업을 할 때는 '제휴사가 자사 제품을 적극적으로 판매하게 하기' 위해 '자사 제품의 판매 촉진에 따른 금전적 혜택을 부여'하는 등 특별한 캠페인을 하기도 한다. 둘 다 제품을 사용하고 판매할 때의 혜택을 홍보하고 '잘 팔리는 구조 만들기'를 할 필요가 있다.

또한 기존 고객과의 거래가 많은 업계이기도 하므로 '신뢰 획득', '정기적인 연락의 합의 형성', '상황 대처 능력'도 상위권에 있다. 이러한 기술들은 많은 관계자 및 고객과의 관계를 양호하게 유지하고 지속적인 판로의 유지 및 확대하기 위해 꼭 필요하다.

관계자 및 고객과 거래하다 보면 니즈와 과제를 정확하게 파악하는 '청취'도 중요해진다. 자사 제품의 시장 점유율을 높이기 위해 고객의 목소리를 듣고, 이를 바탕으로 한 더 나은 제품 개발 및 캠페인 홍보 기획 등을 하면서 '계속 선택되는 존재'가 되는 일을 목표로 한다.

1위~5위	경쟁력과 타사 비교, 상황 대처 능력, 제공 가격과 구매 동기의 이해, 관계 구축력, 경청력

순위	기술 카테고리	클래스	기술명	Score
1-1	09_마케팅/트랜드 이해	전문 기술	036_(고객의) 상품 및 서비스 이해/경쟁력과 타사 비교	3.75
1-2	03_기초 비즈니스 기술	대인 기술	359_상황 대응력	3.75
1-3	16_가설 구축	전문 기술	038_(고객의) 상품 및 서비스 이해/제공 가격과 구매 동기의 이해	3.75
1-4	01_기초 커뮤니케이션 기술	대인 기술	348_관계 구축력	3.75
5	01_기초 커뮤니케이션 기술	대인 기술	352_경청력	3.72

주택 설비 제조사(건축 자재 제조사를 포함)는 주로 주거와 관련된 사업자에 대해 자재와 제품을 도매로 판매하거나 때로는 직접 소비자에게 제품을 제공한다.

아파트 등의 부동산 개발 사업과 모델하우스 사업을 하는 기업에게 판매하거나 파트너십을 맺는다면 고객이 직접 디자인한 주택이나 단독 주택의 건축회사나 공무소가 고객이 되거나 소개 대리점이 될 수도 있다.

주택 설비의 경우, 인테리어 제품 등과는 달리 주방과 창문, 에어컨과 욕조 설비, 화장실과 같은 주거를 위해 미리 설치되는 것이 많으므로 판로를 어떻게 만드느냐가 중요하다.

주거 설비 제조사는 지속적인 기술 혁신과 소비자의 라이프 스타일 변화에 맞춰 제공 내용이 크게 변화하는 것이 특징이다. 예를 들어 최근에는 친환경 기술의 발달과 스마트홈의 수요 증가에 따라 시장에는 기존의 주택 설비와는 다른 니즈가 주목받고 있다.

그러므로 주택 시장과 트렌드를 이해했다는 전제하에 상품 제공처가 될 부동산 개발회사와 주택 건설업자의 '제공 가격', '타사와의 차이, 경쟁력', '소비자의 구매 동기' 등을 이해해야 한다. 자사의 주택 설비가 고객과 잘 맞을 거라는 이유를 찾아낼 필요가 있다. 또한 시대에 맞게 서로 다른 소비자 니즈와 요청에 대해 고객의 다양한 요청을 교섭하거나 상담하는 일도 많으므로 '관계 구축력'이나 '상황 대처 능력' 또한 크게 요구된다는 사실을 알 수 있다.

1위~5위	신뢰 획득, 경청력, 설명력, 판단력, **상황 대처 능력**

순위	기술 카테고리	클래스	기술명	Score
1	01_기초 커뮤니케이션 기술	전문 기술	002_신뢰 획득	3.73
2	01_기초 커뮤니케이션 기술	대인 기술	352_경청력	3.65
3-1	01_기초 커뮤니케이션 기술	대인 기술	351_설명력	3.62
3-2	03_기초 비즈니스 기술	대인 기술	349_판단력	3.62
5	03_기초 비즈니스 기술	대인 기술	359_상황 대응력	3.61

어카운트 영업은 특정 고객(어카운트)을 영업 대상으로 삼아 관계를 깊고 길게 구축하는 역할을 담당한다.

따라서 어카운트 영업은 불특정 다수의 기업에 양적으로 접근하는 방식이 아닌, 정해진 고객에 대해 최대한 가격을 제시해 고객 생애 가치LTV를 높인다는 지표를 가지고 있다. 이러한 관점에 따라 오랜 관계를 구축하면서 고객에게 신용, 상담받을 수 있는 관계 구축의 기술인 '신뢰 획득'이 가장 중요한 기술로 여겨졌다. 특정 고객의 발주가 비즈니스 목표를 달성할 수 있는 큰손 고객이 되거나 대형 제안으로 이어지는 일이 많으므로 대상 기업의 발주율을 높이기 위해 식사나 골프 등의 접대도 영업 전략으로 활용되기도 한다.

신규 고객이냐 기존 고객이냐에 따라서도 접근 방법은 다르지만, 특정 고객으로부터 발주를 받기 위해 스터디를 개최하거나 도입을 완료한 고객을 견학하거나 비공개 세미나를 개최한다. 이러한 노력과 시간을 들여 미팅을 진전시키는 1:1 마케팅 활동을 추진하는 어카운트 영업ABM을 도입해 '신뢰 획득'을 목표로 한다.

대상 고객이 대기업이라면 한 회사에 깊게 파고들어 다양한 조직에서 발생하는 과제를 특정할 필요가 있다. 이때는 '경청력'이 도움이 된다.

또한 한 회사에서 상품의 도입에 10명 이상의 이해관계자가 있는 경우도 많으므로 '반대 의견'은 반드시 있다. 그러한 사람들을 이해시키기 위한 커뮤니케이션 능력으로서 '설명력'이 중요시된다.

또한, 어카운트 영업, 계정 기반 마케팅은 그 기업에 맞는 설명과 제안 등의 개별성이 요구된다는 점에서 '상황 대처 능력'의 필요성도 높다.

4-3: 제휴 영업(대리점 영업 및 섭외)

| 1위~5위 | 판단력, 공감력, 설명력, 경청력, 관찰력 |

순위	기술 카테고리	클래스	기술명	Score
1	03_기초 비즈니스 기술	대인 기술	349_판단력	3.67
2	01_기초 커뮤니케이션 기술	대인 기술	357_공감력	3.66
3	01_기초 커뮤니케이션 기술	대인 기술	351_설명력	3.65
4	01_기초 커뮤니케이션 기술	대인 기술	349_판단력	3.64
5	03_기초 비즈니스 기술	대인 기술	350_관찰력	3.63

제휴 영업은 자사에서 생산한 상품을 영업, 판매해 주는 대리점 등을 개척하거나 제휴 회사와의 관계를 심화시켜 적극적으로 영업하게 하기 위한 섭외 활동을 하는 역할을 담당한다. '서비스와 상품을 이용하는 이용자(개인, 법인)에게 직접 영업하느냐 마느냐' 여부가 직판 영업과의 가장 큰 차이점이라 할 수 있다. 아무리 좋은 상품이라고 해도 제휴사가 고객에게 제안하고 싶다고 생각하지 않으면 매출은 올라가지 않는다. 그래서 그들과의 관계와 협력 체계를 구축하는 일이 중요시되어 '대인 기술'이 요구되는 결과로 이어졌다.

'판단력'은 다양한 장면에서 필요하다. 여러 회사와 제휴 계약을 맺거나 대리점 계약을 맺었다면 매번 어느 제휴사에게 주력해야 하는가에 대한 판단, 나아가 조건적인 교섭 사항과 의뢰 사항에 대한 판단도 요구된다. 또한 제휴사와 함께 고객과의 영업 미팅에 참여한다면 그 미팅에서 발생하는 개별적인 교섭에 대해 상품 제공의 주체로서 판단을 내려야 한다.

이와 더불어 상품 제공의 주체로서 상품을 상세하게 설명하고 질의응답을 할 줄 알아야 한다는 점에서 '설명력'이 중요시된다.

제휴사와 양호한 관계를 유지하려면 그들의 과제와 경험을 진지하게 이해하는 '공감력'과 '경청력'이 요구된다. 제휴사가 자신들을 잘 파악하고 있는 특별한 존재로 인식해 준다면 영업 활동과 관련된 상담이나 요구가 자유롭게 제기될 가능성이 있다.

또한 제휴 영업에서는 그들의 영업 조직 상황과 관심사를 잘 파악해야 한다. 각각의 영업 담당자가 어떤 고객(단골 고객)을 담당하는지, 그리고 제휴사의 고객이 어떠한 니즈를 가지고 있고 어떠한 제안 기회를 만들려고 하는지를 '관찰'하는 힘이 필요하다.

4-5: 기존 영업/관계 영업(루트 영업/매장 영업)

| 1위~5위 | 신뢰 획득, 경청력, 공감력, 판단력, 설명력 |

순위	기술 카테고리	클래스	기술명	Score
1	01_기초 커뮤니케이션 기술	전문 기술	002_신뢰 획득	3.68
2	01_기초 커뮤니케이션 기술	대인 기술	352_경청력	3.59
3	01_기초 커뮤니케이션 기술	대인 기술	347_공감력	3.57
4	03_기초 비즈니스 기술	대인 기술	349_판단력	3.56
5	01_기초 커뮤니케이션 기술	대인 기술	351_설명력	3.55

'루트 영업/매장 영업'은 특정 고객과 지정 경로를 정기적으로 방문하는 영업직으로, 방문 판매와 마찬가지로 '외근 영업'의 대표격이다.

기존 거래처와의 관계 유지에 주력하고 더 나은 관계로 발전시키거나 발주량을 최대화시키는 일이 루트 영업의 역할이다.

중장기적인 관계 속에서 거래 규모를 키우는 일이 목적이므로 '신뢰 획득'이 특히 중요하다. 관계가 오래되었다면 잡담을 포함한 교류와 접대 등 그 커뮤니케이션은 다방면에 걸쳐있다. 그러한 의미에서는 고객이 영업력을 뛰어넘는 인간성을 발견하는 일이 많아진다.

그렇다면 '신뢰 획득'을 구성하는 요소가 되는 '대인 기술'이 리스트에 자주 등장하는 것도 이해가 된다.

루트 영업은 고객과 오랜 세월에 걸쳐 깊은 관계를 맺기 때문에 정보를 캐낼 수 있는 기회가 많아지는 것도 특징이다. '경청력'과 '공감력'으로 제품과 서비스의 이용 상황과 과제점 등을 최대한 파악해 두는 일도 중요하다.

이러한 관계는 결과적으로 다른 경쟁사가 고객에게 접근할 위험을 억제하거나 제거하는 효과를 낳는다. 이 또한 루트 영업에게는 발주량을 늘리는 일과 더불어 중요하다고 할 수 있다.

또한, 루트 영업은 주로 대부분의 제조사(제조업)나 유형 제품을 취급하는 전문 상사 등이 담당한다. 상품이나 제품을 설명할 기회가 많고 그 기능과 성능에 대해 구체적으로 설명하거나 타사 제품과의 차이를 알기 쉽게 나타낼 필요가 있다는 점에서 '설명력' 또한 상위에 랭크되었다.

4-6: 퍼넬funnel 기반 영업(인사이드 영업)

| 1위~5위 | 경청력, 판단력, 설명력, 교섭력, 상황 대처 능력 |

순위	기술 카테고리	클래스	기술명	Score
1-1	01_기초 커뮤니케이션 기술	대인 기술	352_경청력	3.65
1-2	03_기초 비즈니스 기술	대인 기술	349_판단력	3.65
1-3	01_기초 커뮤니케이션 기술	대인 기술	351_설명력	3.65
4	03_기초 비즈니스 기술	대인 기술	357_교섭력	3.63
5	03_기초 비즈니스 기술	대인 기술	359_상황 대응력	3.61

영업 프로세스(퍼넬)에서 분업과 협업 체제가 전제된 경우, 인사이드 영업은 잠재 고객에게 이메일과 전화로 접근해 잠재적인 니즈와 문제를 이끌어내면서 제안 기회를 획득하는 역할을 한다.

그러한 배경을 본다면 '경청력', '판단력', '설명력'이 상위에 위치하는 것도 이해가 간다. 고객의 말에 귀를 기울여 표면적인 니즈뿐 아니라 잠재적인 과제를 발견하거나 어느 타이밍에 미팅 기회를 창출할 수 있는지를 확인할 수 있거나, 최신 상태의 리스트를 정확하게 유지할 수 있다. 특히 인바운드 영업은 기업이 구매 의사와 현재적인 니즈를 가지고 있으므로 이 경청 기술과 질문의 정확도에 의해 필드 영업에 전달할 수 있는 정보의 정확도가 달라진다.

고객마다 다른 니즈와 고민에 대해 어떻게 홍보하고 어떠한 해결책을 제시할지에 대한 '판단력'을 키우는 일도 중요하다. 각각의 대화에서 '왜 지금', '왜 당신에게' 연락했는지를 설명할 수 있느냐에 따라 고객의 평가는 크게 달라진다. 또한 인사이드 영업의 '설명력'은 자세하고 정중하게 설명하면 끝나는 것이 아니다. 전화, 이메일, 편지의 긴 문장은 읽지 않으니 정보가 상세하게 전달되지 않는다. 고객이라면 누구나 알기 쉽게, 짧게, 그리고 기억하기 쉽게 베네핏(이익, 혜택)을 이해할 수 있도록 설명해야 한다.

특히 아웃바운드의 푸쉬형 영업에서는 거절하려는 고객과의 대화가 많아지므로 약속을 잡기 위한 반론 대책과 날짜 설정 등 상황 대처 능력과 교섭력 또한 요구된다.

‘직종’이라는 관점에서 비교해도 순위의 내용과 우선순위가 달라진다는 사실을 알 수 있다.

또한 대인 기술의 표현인 ‘판단력’도 영업 직종에 따라 의미와 원하는 성질이 달라진다는 사실도 볼 수 있다.

여기서 생성형 AI와는 직접적인 관련이 없는 이야기를 잠깐 짚고 넘어가고자 한다. 나는 ‘영업직의 미래와 생성형 AI’라는 주제를 생각했을 때, 단순하게 생성형 AI를 활용할 수 있느냐 없느냐가 아니라 영업직을 작게 세분화하고 각각의 영업 직종에서 그 중요성을 생각해야 한다고 본다.

다만 그렇다고 해서 현실에 안주해도 된다는 이야기는 아니다.

안타깝게도 영업이라는 직업은 순수하게 고객을 상대하는 시간보다도 사내 회의, 사내 업무, 제안서 작성, 견적서 작성 등 고객을 대하는 업무 이외의 작업에 많은 시간을 할애한다. 이는 다양한 보고서를 통해서도 확인할 수 있다.

그러한 관점에서 본다면 내 업무는 AI가 아니라 ‘생성형 AI를 사용할 수 있는 동료’에게 빼앗기게 되지 않을까?

뭐가 되었든 지금 시대의 새로운 영웅은 그 분야의 전문성을 가진 영업직이니 말이다.

특정 분야에 딱 맞는 생성형 AI의 활용 방법과 내가 가진 기술과의 융합을 꾀하는 일이 중요하다.

☐ 대부분 자신의 실적은 자신있게 대답할 수는 있지만, 자신이 가지고 있는 기술이나 전문성에 대해 질문하면 대답할 수 있는 사람은 놀랄 정도로 적다.

☐ 자신이 가진 기술과 능력을 언어화하여 정리해 본다.

☐ 이때 그 기술은 업계와 직종을 바꾸어도 가져갈 수 있는 '이동 가능한 기술'인지, 아니면 특정 분야에서 활용할 수 있는 '전문 기술'인지 판별하면 좋다.

☐ 다만 그것이 노하우Know How와 기술인지, 아니면 그 회사에 오래 다녔기 때문에 생긴 '그 사람만 알 수 있는 것'인지 정확하게 구분할 수 있도록 주의하여야 한다.

☐ 오래 다녔기 때문에 알고 있다면 그것은 노후Know Who다. 이는 다른 회사에 취직하거나 다른 일을 했을 때 도움이 되지 않는다.

저는 책을 집필할 때 늘 주제와는 직접적인 관련이 없는 제 속내를 '후기'에 늘어놓고는 합니다.

저는 입버릇처럼 '영업의 가치를 높이고 싶다'라고 이야기합니다.

엄밀히 말해 ① 영업이라는 일 자체의 가치, ② 영업이 상대방에게 제공할 수 있는 가치를 '재정의'하고, 영업이라는 직업·기술·활동의 훌륭함을 세상 사람들이 제대로 인정해 주었으면 하는 바람도 있습니다.

다만 여기에는 시장 상황 변화 등으로 인해 고객에게 원래의 가치를 제공할 수 없는 영업직의 가치가 어부지리 형식으로 과대평가 되는 일이 있어서는 안 된다는 조건이 따릅니다.

실력이나 실속 없는 영업직이 속임수나 뜻밖의 행운으로 가치가 올라가면(올라갔다고 착각하게 되면) 어떻게 될까요.

비싼 월급을 주고 채용한 만큼의 실력이 나오지 않아 고용주를 만족시키지 못하거나, 반대로 영업 사원이 그만두면 곤란해지니 제대로 된 요구사항이나 지시를 하지 못하게 되어 영업 사원 본인의 성장 기회를 놓치게 될 수도 있습니다. 혹은 거품이 빠졌을 때 사실 아무것도 못 하는 영업사원의 무능력함이 탄로 날 수 있습니다.

이처럼 현실을 자각하고 나면 괴로움에 힘들어할 수도 있습니다.

또한 '가치 있다고 착각한 영업'이 늘어나면 고객 경험이 악화됩니다. 이는 중장기적으로 보면 오히려 영업의 가치 저하를 불러오고 맙니다.

영업은 고객이 구매 활동을 할 때 최고의 파트너가 되어야 한다는 사실에 가치를 두어야 합니다.

이처럼 시장 상황에 대한 감각에 의존해 수동적으로 '가치를 올리는' 것이 아니라 적절한 방향성과 올바른 기술을 익힌 진짜 영업직이 늘어나기를 바랍니다.

그래서 창의적이고 지적인 영업 활동을 하는 사람이 늘어나 '영업이란 우수하고 멋진 직업'이라는 가치관이 구축되어 갔으면 좋겠습니다.

이것이 내 슬로건이기도 한 'Sales is Cool' 구상입니다.

셀레브릭스는 2023년 11월에 법인 영업의 조사 및 연구 기관인 셀레브릭스 영업 종합 연구소를 설립했습니다.

이에 따라 영업의 가치를 재정의하고 더 나아지기 위한 정보 수집과 조사 등에 몰두할 수 있는 환경을 조성할 수 있었습니다.

이 책의 주제이기도 한 생성형 AI에 관한 조사와 본문에 등장한 업종별 기술 보고서는 영업 종합 연구소에서 조사한 정보를 활용했습니다.

앞으로도 영업의 발전과 가치 향상을 위해 도움이 될 수 있는 정보를 제공할 수 있기를 바랍니다.

이 책은 많은 분들의 협력과 도움이 있었기에 완성할 수 있었습니다.

도움을 주신 분들 모두의 이름을 거론하고 싶지만, 지면 관계상 언급하지 못하는 점에 대해서는 사과의 뜻을 전합니다.

일단 편집자인 오가와 겐타로 님께 감사의 말을 전하고 싶습니다. 나는 오가와 씨에게 생성형 AI와 영업과 관련된 책을 쓸 테니 아무리 늦어도 5월까지는 출간해야 한다고, 그렇지 않으면 책을 쓰지 않겠다고 강하게 밀어붙였습니다. 다소 억지스러운 주장이었음에도 각 부서와 일정을 조율해 주어 정말로 감사했습니다. 분명 어려움이 많았을 텐데 롤러코스터가 달리듯 엄청난 속도로 책을 출간해 준 점은 평생 잊지 못할 것입니다.

그리고 그런 오가와 씨를 소개해 준 주식회사 Attax Sales Associate 의 요코야마 노부히로 님께도 이 자리를 빌려 감사의 말을 전합니다.

아울러 이 책의 집필을 위해 많은 분들이 다양한 정보와 사례 등을 제공해 주셨습니다.

무지했던 내게 생성형 AI의 가능성을 자세히 알려준 ASMA 주식회사의 스즈키 아키히로 님. 셀레브릭스의 AI TF팀에서 함께 활동 중인 다카하시 류타로 님, 호리 다이키 님, 구도 신 님. 그리고 가와사키 도모히코 님은 이 책에 실린 프롬프트의 즐겨찾기, 본문에 등장하는 프롬프트의 참고 사례 등도 작성해 주시고 제공해 주셨습니다.

또한 제1장의 '생성형 AI 영업의 이용 실태 조사'를 해준 셀레브릭스 영업 종합 연구소의 히라모토 구루미 님, 다케이 가나코 님, 오카자키 아키히코 님에게도 감사하다는 말씀을 드립니다.

이 책의 집필을 위해 내용을 확인해 주고 각 관련 기관과의 조율에 힘써준 셀레브릭스의 홍보팀, 교열 업무를 도와준 오피스 서포트팀, 집필에 도전할 환경을 마련해 준 셀레브릭스의 경영진과 임원 등 동료들에게도 진심으로 고맙다는 말을 전하고 싶습니다.

무엇보다 이 책은 2023년 연말부터 2024년 연초의 연휴 기간 동안 집필하였습니다.

함께 시간을 보냈어야 할 연말연시에 집필에만 집중할 수 있게 배려해 준 가족들에게는 무어라 표현할 수 없을 정도로 고마움을 느낍니다.

아이들 역시 잘 참아 주었으므로 당분간은 바빴던 만큼 아낌없이 사랑해 줄 생각입니다.

그리고 여기까지 읽어주신 독자분들, 진심으로 감사드립니다.

끝으로 드디어 40대에 접어든 기념으로 '수수께끼'를 던지며 이 책을 마무리할까 합니다.

생성형 AI와 이마이의 공통점은?

둘 다 마지막은 '사랑(아이)'*으로 끝맺는다(※생성형 'AI'×IM 'AI').

추신: 이 수수께끼는 제가 만들었을까요? 아니면 AI가 만들었을까요?

---

* 일본어로 사랑(愛)은 아이[ai]라고 읽습니다. AI와 이마이(IM 'AI')에 공통적으로 AI라는 철자가 들어가는 것을 빗댄 언어유희입니다. ― 옮긴이 주

─── 부록 ───

영업 사원을 위한
생성형 AI
활용 자료

용어집

5단계 분석

자사의 위험이 되는 다섯 가지 요소를 분석하고, 경합 회사, 업계 전체의 상황, 수익
구조를 명확하게 밝히는 체제이다.

AI 주도형 영업AI Driven Sales

AI에게 영업 활동의 주제를 제공하고 영업 장면에서 필요한 정보와 콘텐츠를 생성형
AI에게 만들게 해 행동화 방법을 영업 사원이 의사결정하는 스타일이다.

API 연동

외부 어플리케이션과 시스템을 API를 사용해 데이터를 연동시켜 기능을 확장하는 일
이다.

BDR

Business Development Representative의 약자로, 아웃바운드를 중심으로 특정 타
깃 리스트에 대해 커뮤니케이션을 하는 인사이드 영업 조직이다.

CRM

Customer Relationship Management의 약자로, 고객 관련 관리를 가리킨다. 편의
상, 고객 관리 시스템을 CRM이라 부르는 일도 많다.

DX

IT, 디지털 기술을 활용해 기업의 비즈니스 모델을 변혁하고 경쟁 우위성을 높여가는
일이다.

ICT 서비스

Information and Communication Technology의 약자로, 통신 기술을 활용한 커
뮤니케이션을 지향한다.

PEST 분석

'정치', '경제', '사회', '기술'이라는 네 가지 외부 환경을 바탕으로 거시적 환경 분석을
실행하는 체제이다.

SaaS

Software as a Service의 약자로, 클라우드로 제공되는 소프트웨어이다.

SDR

Sales Development Representative의 약자로, '반향형'이라고도 부르는 인사이드 영업 조직이다.

SFA

Sales Force Automation의 약자로, 영업 지원 시스템이다.

SWOT 분석

'강점, 약점, 기회, 위협'의 머리글자로, 구성된 내부 환경과 외부 환경을 분석하기 위한 체제이다.

아이스 브레이킹

처음 만나는 사람들끼리 서먹하고 경직된 분위기를 부드럽게 만들기 위한 커뮤니케이션이다.

아웃바운드 영업

영업이 접점과 미팅 기회를 만드는 공략의 영업 활동으로, 푸쉬 영업이라고도 한다.

어카운트 플랜

미팅의 준비, 공략 계획의 책정을 말한다.

접근Approach

인사와 관계 구축을 의미하며, 영업 미팅 시작의 토대를 얻는 것을 목적으로 한다.

알고리즘

컴퓨터에서 계산할 때 계산 방법과 계산 순서, 답을 구하는 절차이다.

인사이드 영업

각 회사 고객에게 개별 마케팅이나 커뮤니케이션을 하는 비대면 영업 활동과 영업 담당자를 가리킨다.

인텔리전트 세일즈

생성형 AI와 디지털을 활용한 지적이고 지능적인 영업 활동(AI와 디지털을 활용한 컨설팅 영업)을 말한다.

인바운드 영업

마케팅 활동 등에 따라 고객으로부터 연락이 오거나 미팅 기회가 생기는 반응형 영업 활동으로. 풀 영업이라고도 한다.

웨비나

웹 세미나. 웹 세미나 시스템을 통상 웨비나라고 부르기도 한다.

영업 대행

영업 활동의 일부, 혹은 프로세스 전체를 대신하는 서비스나 행위이다.

현황 조사

요청사항 정리로, 어떠한 제안을 해야 제품을 구입해 줄지 명확하게 알아 보는 프로세스이다.

오버 스펙over spec

준비된 제품의 성능과 기능이 목적과 용도에 비해 과도한 것을 말한다.

키 트리거 Key Trigger

중심이 되는 계기 및 중요한 원인을 말한다.

기획 작성

고객의 과제 해결을 실현하는 스토리(기획)를 작성하는 프로세스이다.

영업 사원을 위한 생성형 **AI** 활용 자료

비판적 사고 Critical Thinking
'정말로 그러한지' 본질을 파악하기 위한 전제를 의심하는 힘이다.

마무리
미팅의 후반 프로세스에서 의사결정의 지원이나 구매 명확도를 확인하는 프로세스,
혹은 행위를 말한다.

사례 연구 Case Study
케이스 스터디라고도 한다.

컨설팅 영업
고객의 잠재적인 니즈에 다가가 이상적인 미래로 주도하는 스타일의 영업이다.

컴플라이언스
법령 준수를 가리키며, 기업과 개인이 법령이나 사회적 규범을 지키는 일이다.

재현성
다른 사람이 같은 방법, 같은 조건으로 실시했을 때 같은 결과가 나타나는 성질이다.

스테레오 타입
많은 사람에게 침투한 고정관념과 확신, 선입관을 가리킨다.

영업 시스템 생성 Sales Enablement
계속 팔릴 수 있는 시스템을 만들기 위한 데이터 활용과 교육, 콘텐츠 제작을 의미한다.

세일즈 에이전시
영업 활동을 중심으로 한 수익을 높이기 위해 종합적인 영역에서 고객 영업에 참가,
협력하는 지원 회사를 가리킨다.

영업 대면 시간/영업 코어 타임
영업 활동, 고객 대응에 사용할 수 있는 순수한 시간을 의미한다.

민감Sensitive

미묘하고 진중함을 요구하는 상태, 민감하고 감정이 세세하거나 또는 그런 상태를 말한다.

속인적

개인에게 의존하는 상태로, 특정 업무의 순서와 상황이 주변에 공유되지 않은 상황을 가리킨다.

솔루션 영업

고객의 고민과 문제 해결을 실현하는 스타일의 영업이다.

대화 형식

다이얼로그 형식 또는 대화형을 의미한다.

TF팀

긴급하고 중요한 문제 해결을 위해 특정 임무를 수행하는 것을 목적으로 한 팀을 말한다.

챗봇

채팅(대화)과 로봇을 조합한 단어로, 인공지능을 활용해 자동적으로 대화를 하는 프로그램을 가리킨다.

데이터 애널리스트

방대한 데이터를 분석하는 전문가이다.

데이터 기반 영업 Data Driven Sales

데이터 구동형 영업으로, 데이터를 기반으로 선택과 의사결정을 한다.

텍스트 계통 생성형 AI

인공지능을 활용해 자동으로 문장을 생성하는 AI 기술 및 그 제품을 가리킨다.

디지털 시프트 Digital Shift

아날로그적인 방법으로 했던 업무를 디지털 기술을 활용해 보다 효율적으로 수행하려는 변화를 가리킨다.

데모Demonstration

제품의 이용 방법과 활용 이미지를 부여하기 위한 시연, 시범을 뜻한다.

성공 공식화

요구된 양식으로 대화나 이야기를 전개하는 일을 가리킨다.

후속 업무 Next Action

다음 약속과 그다음을 위한 행동을 의미한다.

방해물Noise

잡음 또는 필요 없는 정보의 예를 의미한다.

개별화Personalize

개별 적용, 개개인에 맞춰 변경하는 일 또는 대응을 바꾸는 일을 말한다.

할루시네이션Hallucination

생성형 AI가 사실과는 다른 그럴듯한 대답을 하는 일을 말한다.

표준화

특정한 업무 내용과 그 진행 방식에 대해 모든 이해관계자가 이해하고 공유하는 것을 의미한다.

팩트 파인딩

객관적 사실을 기반으로 과제를 설정하고 해결하기로 합의를 하는 일을 말한다.

퍼넬(영업 퍼넬) Funnel

영업 활동의 단계를 도식화한 것으로 깔때기에 빗댄 말이다.

프레젠테이션Presentation

과제를 해결하는 최적의 제안으로, 과제의 해결 방법과 구체적인 플랜을 알리는 프로세스이다.

프로세스별 변수/프로세스 변수

영업 프로세스별 추이율(미팅-안건화율/안건화 수주율 등)을 의미한다.

제품 영업 Product Sales

상품의 기능과 성능을 전면에 홍보 및 설명하는 스타일의 영업 활동을 가리킨다.

프롬프트Prompt

사용자가 AI에게 입력하는 지시나 지시문이다. 지시문의 형태를 가리키기도 한다.

모범 사례 Best Practice

어떠한 결과를 얻는 데 가장 효율이 좋은 기법, 방법, 프로세스, 활동 등을 가리킨다.

혜택Benefit

고객이 상품 구매로 얻을 수 있는 혜택으로, 고객이 본 구입의 장점이라고도 할 수 있다.

장점Merit

가치가 있는 특징 및 이점을 말한다.

사용 사례 Use Case

사용자가 실제로 사용했던 사례를 말한다.

응용력Literacy

현상을 적절하게 이해 및 판단할 수 있는 일 혹은 지식을 말한다.

교체Replace

타사 제품(서비스)으로부터 새로운 제품으로 바꾸거나 대체시키는 일을 말한다.

영업 사원을 위한 생성형 AI 활용 자료

공시Release

정보와 기사 등을 대외적으로 발표, 고지하는 일을 말한다.

관계Relation

관계성 혹은 양호한 관계를 구축하는 일을 목적으로 한 마케팅 방법을 가리킨다.

응답Response

응대 또는 반응을 가리키는 말이다.

프롬프트 즐겨찾기

마케팅 분야에서의 활용

 **You**

#명령문
당신은 기업의 영업 책임자입니다.
#자사 서비스 개요와 관련된 영업 활동에서 구체적으로 타깃팅을 하고, 업계별로 친화력이 높은 문장 다섯 개를 알려주세요.
또한,
#출력 형식에 준거해 대답하세요.

#자사 서비스 개요
====
기능: △△
도입 메리트: △△
해결할 수 있는 과제: △△
====

#출력 형식
- 서비스와 문장의 친화력을 10점 만점으로 정량 평가
- 표 형식으로 출력

영업 사원을 위한 생성형 AI 활용 자료

 **You**

#명령문
당신은 기업의 영업 담당자입니다.
다음의 #제약 조건에 따라 #자사 서비스의 담당 영업이 만나야 할 고객의
모습을 생성해 주시기 바랍니다.
#제약 조건
#출력 형식에 반드시 따를 것
#예시를 바탕으로 생성할 것
#자사 서비스의 개요에 따를 것
#자사 서비스
##서비스 명: [가명을 입력하기]
##서비스 특징: [입력하기]
　- 특징 ①
　- 특징 ②
##대상이 되는 시장:
　- 시장과 기업 개요를 입력
　- 시장과 기업 개요를 입력
##해결해야 할 문제:
　- 특징 ①
　- 특징 ②
#출력 형식
##업종: [업종명을 기입]
##기업 규모: [기업 규모를 입력]
##부서: [관련 부서를 입력]
##직함: [직함명을 입력]
##안고 있는 문제점: [구체적인 문제점을 기입]
##이용 시나리오: [서비스 이용의 시나리오 및 상황을 생각해 입력]

개별 메시지 작성 A

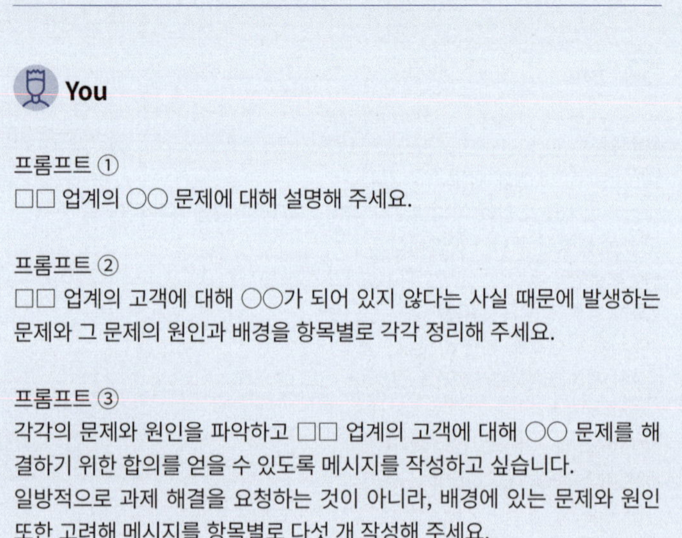

You

프롬프트 ①
□□ 업계의 ○○ 문제에 대해 설명해 주세요.

프롬프트 ②
□□ 업계의 고객에 대해 ○○가 되어 있지 않다는 사실 때문에 발생하는 문제와 그 문제의 원인과 배경을 항목별로 각각 정리해 주세요.

프롬프트 ③
각각의 문제와 원인을 파악하고 □□ 업계의 고객에 대해 ○○ 문제를 해결하기 위한 합의를 얻을 수 있도록 메시지를 작성하고 싶습니다.
일방적으로 과제 해결을 요청하는 것이 아니라, 배경에 있는 문제와 원인 또한 고려해 메시지를 항목별로 다섯 개 작성해 주세요.

개별 메시지 작성 B

 **You**

프롬프트 ④
다섯 개의 조항 중, ○ 번째 조항을 채용합니다.
이 메시지와 아래 #기본 정보를 조합한 하나의 비즈니스용 메일 문장을 작성해 주세요.

#기본 정보
상품 개요: [입력하기]
직함: [입력하기]
예상되는 메인 미션: [입력하기]
이름: [입력하기]

프롬프트 ⑤
이 메일을 받은 상대방의 반응을 비관적으로 예상하여 항목별로 출력해 주세요.

프롬프트 ⑥
위의 내용을 바탕으로 본문에 들어가야 할 단어와 표현을 재고하여 메일 본문을 작성해 주세요.

미팅 사전 준비 A

 **You**

프롬프트 ①

○○ 업계의 수익 구조와 이익 구조에 대해 알려 주세요.

구체적으로는 이하의 사항에 대해 구체적으로 알고 싶습니다.

1. 주요 수익원과 요금 체계

2. 각각의 수익원과 요금 체계의 구조

3. 고객과 이용자가 각각의 수익원과 요금 체계에 대해 느끼는 장점과 단점

프롬프트 ②

당신은 ○○ 업계의 △△ 부장입니다.

이번에 □□에 대한 서비스를 도입하려고 생각하는데, 좀처럼 고르기 어려워합니다.

그래서 어떤 측면을 중시하여 도입하면 좋은지 함께 생각해 주길 원합니다.

예를 들어 가격과 기능 지원 등 중요한 점이 몇 가지 있다고 생각하는데, 각각의 중요도를 알려주길 원합니다.

그리고 그 밖에도 다른 관점이 있다면 알려주길 바랍니다.

영업 사원을 위한 생성형 AI 활용 자료

미팅 사전 준비 B

 **You**

프롬프트 ③
영업의 전문가가 되어 아래의 #상세 정보를 바탕으로 영업 미팅을 했을 때
의 예상 질문과 그 이유를 알려주세요.

#상세 정보
- 회사 개요: 설립년, 업계, 주요 제품과 서비스 등
A사(자사):
B사(고객):
B사(고객)의 유형과 사고성:

- 시장 상황: [시장의 동향, 경쟁사의 움직임, 업계 트렌드 등을 입력]
- 제품/서비스 정보: [서비스의 특징과 실적, 타사와의 차이를 입력]
- 기타 정보: [외부의 평가, 뉴스, 보도 등을 입력]

역할극 소재 작성

 **You**

영업 역할극에서 고객의 인물상을 설정해 주세요.

#목적
영업 역할극에 사용되는 고객의 모습 만들기

#전제 조건
영업 역할극을 통해 실제 영업 활동의 성과를 끌어올리고자 한다.

#기업 정보
A사(자사): □□ 서비스를 제공하는 ○○ 기업
B사(고객): 아래에 설정. 기업은 모두 일본 기업이다.

#역할
당신은 20년 경력의 영업 전문가입니다.

#제약 조건
아래의 포맷에 따라 작성해 주세요.
· 자본금
· 사업 내용
· 비전
· 상품 정보

#성과물

통화 내용 요약

 **You**

통화 내용을 요약해 주시기 바랍니다.
아래의 조건과 제약을 고려하여 형식에 따라 기재해 주시기 바랍니다.

#조건
· 항목별로 기재

· 명사형으로 끝맺을 것

· 포맷에 따라 기재할 것

· 후속 업무는 주어를 명확하게 할 것. 누가 언제까지 무엇을 해야 하는지
  단적으로 기재할 것

· 중학교 2학년도 이해할 정도로 기재할 것

#제약 조건
· 글자 수는 한 문장에 30자 이내
· 알아듣지 못한 항목은 공백으로 남길 것

#형식
· 결론
· 후속 업무
· 예산
· 서비스 선택의 기준
· 개시 시기

참고 문헌

- 文化庁 「著作権法の一部を改正する法律(平成30年法律第30号)について」

- 文化庁 「令和5年度著作権セミナー『AIと著作権』」
  株式会社セレブリックス コラム 「Sales is」より

- 営業職が1番最初に読むべき生成AIの活用方法(https://www.eigyoh.com/column/sales-ai-23)

- 生成AIは営業をスマートにするのか?(https://www.eigyoh.com/column/ai-sales-239)

- 生成AIを活用した営業スタイル「インテリジェントセールスプロセス」とは?(https://www.eigyoh.com/column/ai-intelligentsales-238)

- 営業マネージャのための生成AI活用3原則(https://www.eigyoh.com/column/ai-salesmanager-237)

- 営業業務を効率化せよ!ChatGPT初心者でも今すぐ使えるコツ16選(https://www.eigyoh.com/column/chatgpt-sales-241)
  株式会社セレブリックス 「営業総合研究所の調査レポート」より

- 職種別営業スキルの調査レポート

- 営業における生成AI活用の実態調査レポート
  『Sales is科学的に「成果をコントロールする」営業術』(今井晶也、扶}桑社)
  『お客様が教えてくれた「されたい」営業』(今井晶也、フォレスト出版)

영업 사원을 위한 생성형 AI 활용 자료

저자 소개

이마이 마사야

주식회사 셀레브릭스 집행 위원 컴퍼니 CMO.
셀레브릭스 영업 종합 연구소 소장 겸 영업 모델의 연구발명가.

전국적으로 법인 영업에 관한 연구, 집필, 기조 강연 등을 실시한다. 2021년 8월에는 『(원제)
Sales is 科学的に「成果をコントロ-ルする」営業術』을 출간, 누적 판매 수가 5만 부를 돌파
하며 영업 분야 베스트셀러가 되었다. 2022년 7월에는 두 번째 저서인 『(원제) お客様が教えて
くれた「されたい」営業』이 출간되었다.
현재는 집행 임원 CMO와 신규 사업 개발의 책임자를 겸임하며 영업 커뮤니티인 YEALE, 영업
전문 인재 소개 SQiL Career Agent, 일본 최대의 영업 엔터테인먼트 Japan Sales Collection
등을 담당하고 있다.
Everything DISC®의 인증 트레이너로, 전문 분야는 영업, PT, 커뮤니케이션 스타일 등 다양
하다.
2023년 9월부터 일반 사단 법인 생성형 AI 활용 보급 협회의 협의원으로 취임하였으며, 영업×
AI의 실무를 전문으로 연구와 보급 활동에 종사하고 있다.

The Intelligent Sales(8643-6)

챗GPT, 영업의 두뇌를 바꾸다

AI 인텔리전트 세일즈

초판인쇄 2025년 7월 30일
초판발행 2025년 7월 30일

지은이 이마이 마사야
옮긴이 드루 편집부
발행인 채종준

출판총괄 박능원
국제업무 채보라
책임번역 문서영
책임편집 양수정
디자인 스튜디오 수박
마케팅 문선영
전자책 정담자리

브랜드 드루
주소 경기도 파주시 회동길 230 (문발동)
투고문의 ksibook1@kstudy.com

발행처 한국학술정보(주)
출판신고 2003년 9월 25일 제406-2003-000012호
인쇄 북토리

ISBN 979-11-7457-044-4 03320

드루는 한국학술정보(주)의 지식·교양도서 출판 브랜드입니다.
세상의 모든 지식을 두루두루 모아 독자에게 내보인다는 뜻을 담았습니다.
지적인 호기심을 해결하고 생각에 깊이를 더할 수 있도록, 보다 가치 있는 책을 만들고자 합니다.